V&R unipress

Schriften zum deutschen und internationalen Persönlichkeits- und Immaterialgüterrecht

Band 48

Herausgegeben von Professor Dr. Haimo Schack, Kiel,
Direktor des Instituts für Europäisches und
Internationales Privat- und Verfahrensrecht

Marius Tillwich

Kartellverbot bei Mediation und Schiedsgerichtsbarkeit im Immaterialgüterrecht

V&R unipress

MIX
Papier aus verantwortungsvollen Quellen
FSC® C083411
FSC www.fsc.org

Bibliografische Information der Deutschen Nationalbibliothek
Die Deutsche Nationalbibliothek verzeichnet diese Publikation in der Deutschen Nationalbibliografie; detaillierte bibliografische Daten sind im Internet über http://dnb.d-nb.de abrufbar.

Gedruckt mit freundlicher Unterstützung der Studienstiftung ius vivum.

Druck und Bindung: CPI books GmbH, Birkstraße 10, D-25917 Leck
Printed in the EU.

Vandenhoeck & Ruprecht Verlage | www.vandenhoeck-ruprecht-verlage.com

ISSN 2198-6398
ISBN 978-3-8471-0972-3

Inhalt

Vorwort

Die vorliegende Arbeit entstand in meiner Zeit als Student an der Christian-Albrechts-Universität zu Kiel, als Wissenschaftlicher Mitarbeiter in einer internationalen Wirtschaftskanzlei und als Gastwissenschaftlicher am Max-Planck-Institut für ausländisches und internationales Privatrecht.

Insbesondere möchte ich mich bei meinem Doktorvater Herr Professor Dr. Haimo Schack, LL.M (Berkeley) bedanken. Die Qualität seiner Betreuung und die Geschwindigkeit und Akribie seiner Korrektur suchen seinesgleichen.

Weiter danke ich Herrn Professor Dr. Joachim Jickeli für die außergewöhnlich zügige Erstellung des Zweitgutachtens und die hilfreichen Anmerkungen aus kartellrechtlicher Sicht.

Ferner danke ich der Studienstiftung *ius vivum* für den großzügigen Druckkostenzuschuss.

Ich bedanke mich bei meinen Freunden und Kollegen, durch die ich meine Promotionszeit in schöner Erinnerung behalten werde. Allen voran danke ich meinem sehr guten Freund und Mentor Jonas Asgodom, LL.M (Berkeley). Er hat mich seit meinen ersten Studientagen begleitet und unterstützt, hatte stets hilfreichen Rat und jederzeit eine substanziierte und ehrliche Meinung. Ganz herzlich bedanken möchte ich mich bei Johanna Schöning. Sie hat die Arbeit Korrektur gelesen und war zu jeder Zeit bereit, mit mir die Probleme der Arbeit zu diskutieren. Noch wichtiger aber war, dass sie mich bedingungslos unterstützt und mir Mut und Kraft gegeben hat, wenn mein eigener Antrieb zu versagen drohte.

Schließlich bedanke ich mich von ganzem Herzen bei meinen Eltern. Die Freiheit und die Unterstützung, die ich erfahren durfte, sind das Wertvollste, das man sich wünschen kann. Ohne sie hätte ich diese Arbeit nie geschrieben.

A. Einleitung

Konflikte gehören zur Natur des Menschen. Sie entwickeln sich häufig, wenn Interessen widerstreiten.[1] Um Schäden zu verhindern, versuchen Menschen meist, Konflikte insbesondere durch Interessenaustausch und Kompromisse beizulegen.

Eine Marktwirtschaft, wie sie die Europäische Union bezweckt, lebt hingegen davon, dass Marktteilnehmer widerstreitende Interessen verfolgen. Dieses Wirtschaftssystem ist im Grundsatz ein gewollter und sogar staatlich geförderter Konflikt:[2] Marktteilnehmer der Anbieterseite können sich den Zuschlag der Teilnehmer der Abnehmerseite verdienen, wobei die Interessen der Abnehmer maßgeblichen Einfluss darauf haben, wie die Anbieter ihr Angebot ausgestalten[3]. Die menschliche und gesellschaftliche Konsequenz ist, dass jeder Marktteilnehmer grundsätzlich danach strebt, die eigenen Belange zu fördern.[4] Regelmäßig geht dies mit Nachteilen für konkurrierende Markteilnehmer einher, die gegenläufige, ebenfalls eigennützige Interessen verfolgen.

Anbietern auf dem EU-Binnenmarkt steht indes nicht jedes Mittel zur Verfügung, um ihre Interessen zu verfolgen. Insbesondere begrenzt das Ziel eines möglichst ausgeprägten Wettbewerbs die Handlungen der Akteure: Sie müssen sich in einem vom Gesetzgeber vorgegebenen Rechtsrahmen bewegen. Ein bedeutender Teil dieses Rahmens zur Wettbewerbsförderung ist das Kartellrecht. Der für diese Arbeit relevante Teil des Kartellrechts ist das Kartellverbot, national in § 1 GWB und auf europäischer Ebene in Art. 101 AEUV normiert.

Zentraler Gedanke des Kartellverbots ist die Selbstständigkeit jedes Unter-

1 Vgl. *Glasl* Konfliktmanagement, S. 17; *Greger*/Unberath/Steffek, B § 1 Rn. 34.

2 Vgl. Art. 119 Abs. 1 AEUV: »Grundsatz einer offenen Marktwirtschaft mit freiem Wettbewerb«.

3 *Möschel*, in: Ökonomische Analyse, S. 40, 42 sieht ein Zusammenspiel der beiderseitigen Präferenzen; vgl. auch *I. Schmidt/Haucap* Wettbewerbspolitik, S. 3f.

4 *Teufer* Alternative Beilegung, S. 64 unter Hinweis auf die »unsichtbare Hand« des Eigennutzes nach Adam Smith; vgl. auch *Wickler/Seibt* Prinzip Eigennutz, S. 261ff.

nehmens.[5] Nicht selten möchten Unternehmen aus unterschiedlichen Gründen mit anderen Unternehmen kooperieren. Diese Gründe können dann dazu führen, dass sich die Parteien über das Kartellverbot hinwegsetzen, dass sie nach Wegen suchen, das Verbot zu umgehen oder seinen Rechtsfolgen zu entgehen.

Solange nur die Beteiligten von der Zusammenarbeit wissen, bleibt ihr Handeln häufig folgenlos. Deshalb wählen kooperationswillige Unternehmer gern Orte und Gelegenheiten, die sich durch eines auszeichnen: Vertraulichkeit.

I. Problemaufriss

Im Zivilrecht entscheiden allein die Parteien darüber, ob sie ihren Streit öffentlich vor einem staatlichen Gericht, vor einer anderen Stelle oder gar nicht austragen wollen (Dispositionsmaxime). Ebenso steht es ihnen offen, Methoden alternativer Streitbeilegung in Anspruch zu nehmen. Diese sind typischerweise vertraulich. Deshalb untersucht diese Arbeit, ob sich Unternehmen dem Kartellverbot und seinen Folgen mit Hilfe alternativer Streitbeilegung entziehen können.

Die folgende Formulierung verdeutlicht dieses Ziel, wenn die Parteien »weniger konfrontative« Verfahren wählen, weil »eine justizförmige Bearbeitung des Konfliktes im Prozess nicht interessengerecht ist, also nicht dem entspricht, was die Parteien ›eigentlich‹ wollen«[6].

Besonderes Augenmerk wird dabei auf die außergerichtliche Mediation gelegt. Sie scheint das größte Potenzial zu haben, die Marktordnung des Kartellverbots zu gefährden. Daneben behandelt die Untersuchung das parallele Problem in der Schiedsgerichtsbarkeit. Das erlaubt eine vergleichende Betrachtung, die zeigen wird, dass sich den Mediationsbeteiligten zahlreiche Instrumente bieten, das Kartellverbot zu umgehen.

In diesem Zusammenhang stellen sich aktuelle Fragen: Das in Deutschland erste Gesetz, das die Mediation einheitlich normiert,[7] ist seit 2012 in Kraft. Die Aufmerksamkeit der Praxis diesbezüglich hält sich in Grenzen. Die Mediation soll nach dem Willen des deutschen und europäischen Gesetzgebers stärker in den Fokus von Streitparteien rücken. Entsprechend hat sich die Bundesregierung 2017 über die Situation der Mediation in Deutschland berichten lassen.[8]

5 *Emmerich/Lange* KartellR, § 4 Rn. 15.

6 *Greger*/Unberath/Steffek, D Rn. 11.

7 Gesetz zur Förderung der Mediation und anderer Verfahren der außergerichtlichen Konfliktbeilegung vom 21.7.2012, BGBl. I 1577, zuletzt geändert durch VO von 31.8.2015, BGBl. I 1474.

8 Bericht der Bundesregierung vom 20.7.2017 über die Auswirkungen des Mediationsgesetzes

Dieser Bericht enthält indes keine Überlegungen zu den vorliegend diskutierten Fragen, insbesondere ob und in welcher Form ein Konflikt zwischen Kartellrecht und Mediation auftreten kann und ob die Rechtsordnung einschließlich des MediationsG darauf angemessen reagieren kann.

Altbekannt und spannend ist die Frage der Kontrolle von Schiedssprüchen anhand des Ordre public; sie stellt sich gleichermaßen bei Mediationsverfahren. Trotz einiger EUGH-Urteile zum Thema ist die Rechtslage längst noch nicht endgültig geklärt. Grundlegend hatte der EUGH im Jahr 1999 in seinem Leiturteil *Eco Swiss*[9] Fragen in diesem Zusammenhang zu beantworten. Im Jahr 2015 erging das Urteil *Gazprom*[10], das sich ebenfalls intensiv mit der Frage des Kartellrechts in der Schiedsgerichtsbarkeit befasste. Zuletzt wurde das Thema im Jahr 2016 erneut im Urteil *Genentech*[11] aufgerollt. Der EUGH selbst musste kaum Stellung dazu nehmen.[12] Der Generalanwalt *Wathelet* hingegen setzte sich mit der Frage deutlich intensiver auseinander.

Um höchst relevante Fragen der Gehilfenhaftung im Kartellrecht geht es im Urteil *AC-Treuhand II*[13] sowie in der anhängigen Berufung gegen die EUG-Entscheidung *ICAP*[14]*:* Die Kommission warf der AC-Treuhand AG vor, ein Kartell zu unterstützen, insbesondere durch Moderation, Streitschlichtung und Hilfe bei Kompromissen zwischen den Kartellanten. Auch ICAP vermittelte zwischen Banken und half dabei, Verstöße gegen das Kartellverbot durchzuführen. Den Unternehmen AC-Treuhand und ICAP wurde aufgrund einer in *AC-Treuhand II* vom EUGH erstmals angenommenen kartellrechtlichen Gehilfenhaftung als Unterstützer ein Bußgeld auferlegt. Inwiefern ein Mediator oder in ähnlicher Weise vermittelnder Dritter dem gleichen Risiko ausgesetzt ist, soll diese Untersuchung klären.[15]

II. Forschungsstand

Probleme aus der Schnittmenge von Schiedsrecht und Kartellverbot sind von Lehre und Rechtsprechung zu großen Teilen, wenngleich nicht abschließend geklärt.

---

auf die Entwicklung der Mediation in Deutschland und über die Situation der Aus- und Fortbildung der Mediatoren, BTDr. 18/13178.

9 EUGH Rs. C-126/97, EU:C:1999:269 = GRUR Int. 1999, 737 – *Eco Swiss.*

10 EUGH Rs. C-536/13, EU:C:2015:316 = GRUR Int. 2015, 766 – *Gazprom.*

11 EUGH Rs. C-567/14, EU:C:2016:526 = GRUR 2016, 917 – *Genentech Inc./Hoechst.*

12 Für die Gründe s. unten S. 109.

13 EUGH Rs. C-194/14 P, EU:C:2015:717 = GRUR Int. 2016, 73 – *AC Treuhand II.*

14 EUG Rs. T-180/15, EU:T:2017:795 = NZKart 2018, 44 – *ICAP.*

15 Zu den Urteilen und ihren Auswirkungen auf Mediatoren ausführlich unten S. 123ff.

Fragen zur Mediation im Zusammenhang mit dem Kartellverbot sind indes bislang kaum behandelt worden. In der Regel beschränken sich die Arbeiten auf Vergleiche allgemein oder stellen schlicht fest, dass ein Verhalten vor einem Mediator kartellrechtlich nicht anders zu beurteilen ist, als andere Vereinbarungen. Die meisten Arbeiten zum Thema konnten das erst 2012 in Kraft getretene MediationsG sowie die 2008 in Kraft getretene Rom I-VO noch nicht einbeziehen, sodass manche Fragen unter der veränderten Rechtslage erneut zu beantworten sind.

Nikolaus Lorenz[16] befasste sich schon 1986 mit Fragen des Kartellrechts in der Schiedsgerichtsbarkeit. Zur Mediation findet sich dort freilich nichts; auch konnte *Lorenz* die heute relevante Rechtsprechung insbesondere des EUGH noch nicht berücksichtigen. Gleiches gilt für die Untersuchung von *Hilbig*[17] aus dem Jahr 2006 sowie für die 2012 erschienene Arbeit von *Pocsay*[18], beide zum Kartellverbot und -recht in Handelsschiedsverfahren.

Mit der kartellrechtlichen Privilegierung von Vergleichsverträgen befasste sich *Ehlke*[19] schon 1985. Ähnliche und teils gleich gelagerte Fragen insbesondere zum Wettbewerbsvergleich behandelte *Teufer*[20] 2006. Allerdings konnte seine Arbeit weder die Rom I-VO, das MediationsG noch Fragen der Gehilfenhaftung einbeziehen; in ihr geht es vielmehr um die Anwendung alternativer Streitbeilegungsmethoden auf kartellrechtliche Streitigkeiten. Den Missbrauch der alternativen Streitbeilegung und die effektive Durchsetzung des Kartellrechts behandelt *Teufer* nur am Rande.

Schmelz-Buchhold[21] setzte sich im Jahr 2010 mit der Mediation bei Wettbewerbsstreitigkeiten auseinander und widmete sich auch der alternativen Streitbeilegung im Immaterialgüterrecht. Der Aspekt des Kartellverbots spielte indessen eine nur untergeordnete Rolle; das MediationsG war noch nicht in Kraft und eine kartellrechtliche Gehilfenhaftung behandelte *Schmelz-Buchhold* auch nicht.

Köther[22] befasste sich 2017 intensiv mit der Anwendung des Art. 101 Abs. 1 AEUV auf Schutzrechtsvergleiche und mit dem Wirkungsprivileg bei Wettbewerbsvergleichen. Dabei geht er nur vereinzelt auf alternative Streitbeilegung ein.

---

16 *Lorenz* Kartellrechtliche Probleme der nationalen und internationalen Schiedsgerichtsbarkeit, 1986.

17 *Hilbig* Das gemeinschaftsrechtliche Kartellverbot in internationalen Handelsschiedsverfahren, 2006.

18 *Pocsay* Privates Kartellrecht in internationalen Schiedsverfahren, 2012.

19 *Ehlke* Das Wirkungsprivileg des Vergleichsvertrages, 1985.

20 *Teufer* Alternative Beilegung privater Wettbewerbsstreitigkeiten, 2006.

21 *Schmelz-Buchhold* Mediation bei Wettbewerbsstreitigkeiten, 2010.

22 *Köther* Die Anwendung des Art. 101 AEUV auf Schutzrechtsvergleiche, 2017.

Zum IPR und IZVR der Wirtschaftsmediation schrieb *Hutner*[23] im Jahr 2005, d. h. vor Inkrafttreten des MediationsG und der Rom I-VO. Auch hat er die Anwendbarkeit des § 1051 ZPO in der Mediation nicht diskutiert.

Schwartz[24] beschäftigte sich 2015 eingehend mit der Gehilfenhaftung im Kartellrecht, allerdings nicht damit, ob Mediatoren Kartellgehilfen sein können und kartellrechtlich haften. *Wentzel*[25] nahm sich eingehend der Vollstreckbarkeit von Mediationsergebnissen an. Dass Medianten Schiedssprüche für die Vollstreckbarerklärung des Mediationsergebnisses nutzen können und welche Bedeutung das Verbot der Révision au fond hat, blieb in ihrer Arbeit außen vor.

Damit steht eine Bearbeitung der folgenden Themen noch aus: die Übersicht über die vielfältigen alternativen Streitbeilegungsmethoden und deren jeweiliges Risiko hinsichtlich eines Kartellrechtsverstoßes; die Herausarbeitung, weshalb Mediationsverfahren besonders riskant für das Kartellverbot sind; die Rechtswahl bei der Mediation einerseits im Zusammenhang mit der Rom I-VO, anderseits mit Verfahrenskombinationen wie Med-Arb; die Rechtsfolgen eines Kartellverstoßes für den Mediator und die Medianten; die Untersuchung, ob das MediationsG den Ansprüchen des Kartellrechts gerecht wird sowie Lösungsmöglichkeiten zum Ausgleich der widerstreitenden Interessen. Auf diese Themen wird sich die folgende Untersuchung konzentrieren.

III. Gang der Arbeit

Zunächst analysiert die Arbeit die kollidierenden Interessen im Zusammenhang mit der alternativen Streitbeilegung, insbesondere der Mediation, und dem Kartellrecht (B.). Dabei geht es um die Interessen der Öffentlichkeit, der Konfliktparteien und des Mediators. Anschließend wird das Kartellverbot in den für diese Arbeit wesentlichen Zügen dargestellt und entschieden, welches das für diese Untersuchung berufene Kartellrecht ist (C.).

Danach werden die einzelnen Methoden der alternativen Streitbeilegung in Grundzügen darauf untersucht, welches Gefahrenpotenzial aus Wettbewerbssicht sie erwarten lassen (D.). Dabei ergibt sich, dass die Mediation sämtliche Gefahren vereint; sie wird als die alternative Streitbeilegungsmethode mit dem höchsten Gefahrenpotenzial für das Kartellverbot ausgemacht.

Wegen der im Immaterialgüterrecht bestehenden Besonderheiten zeigt die Untersuchung in der gebotenen Kürze anhand praxisnaher Fälle einige denkbare Kartellverstöße bei Mediationsverfahren im Immaterialgüterrecht auf (E.).

23 *Hutner* Das internationale Privat- und Verfahrensrecht der Wirtschaftsmediation, 2005.
24 *Schwartz* Kartellgehilfen im europäischen Kartellrecht, 2015.
25 *Wentzel* Internationale Mediation, 2016.

Im Anschluss wird geprüft, ob das Kartellrecht bei der Mediation zu beachten ist, inwiefern das Mediationsergebnis überprüfbar ist, ob das Kartellrecht sich praktisch durchsetzen kann oder die Mediationsparteien es umgehen können (F.). Ähnliche Fragen stellen sich teilweise auch im Schiedsrecht.

Schließlich wird das Mediationsrecht darauf überprüft, ob es die Probleme im Zusammenhang mit dem Kartellverbot angemessen bewältigen kann; dazu werden Lösungsvorschläge erarbeitet (G.). Die insbesondere für Praktiker höchst relevanten Rechtsfolgen eines Verstoßes gegen das Kartellverbot im Rahmen der Mediation (H.) und das Fazit (I.) beschließen die Arbeit.

B. Interessenlage bei alternativer Streitbeilegung

Die Legislative und Judikative reagieren auf die teils gleichlaufenden, teils widerstreitenden Interessen bei Mediationsverfahren. Hier müssen die Interessen der Öffentlichkeit, der Streitparteien sowie des Mediators in einen verhältnismäßigen und angemessenen Ausgleich gebracht werden. Dabei ist zu berücksichtigen, dass die Streitparteien gewillt sein können, gegen das Kartellverbot zu verstoßen.

I. Öffentliche Interessen

Grundlegend ist das Interesse der Öffentlichkeit, den Frieden innerhalb der Gesellschaft zu erhalten.[26] Schon deshalb muss der Staat privaten Streitparteien Zugang zu einer verbindlichen Lösung ermöglichen. Ob dies mittels staatlicher oder nichtstaatlicher Einrichtungen geschieht, ist zunächst zweitrangig.

Für eine marktwirtschaftliche Ordnung unabdingbar sind die folgenden vom deutschen Grundgesetz und der Charta der Grundrechte der EU geschützten Grundrechte: die allgemeine Handlungsfreiheit, die Gleichheit der Marktteilnehmer, die Berufsfreiheit und das Privateigentum in Art. 2, 3, 12, 14 GG sowie die Berufsfreiheit, das Recht zu arbeiten, die unternehmerische Freiheit und das Eigentumsrecht in Art. 15, 16, 17 GRCh[27]. Für unsere Untersuchung interessiert insbesondere Art. 2 Abs. 1 GG. Dieses Grundrecht garantiert, dass die Parteien innerhalb der verfassungsmäßigen Ordnung selbstbestimmt (privatautonom) handeln können. Vorrangiges öffentliches Interesse ist demnach, dass der Gesetzgeber einen verfassungsmäßigen für die Streitparteien verbindlichen Rechtsrahmen schafft. Einerseits lässt sich so präventiv ein bestimmtes Verhalten von den Marktteilnehmern einfordern; andererseits kann man ein Verhalten, das den Regeln entgegensteht, auf dieser Basis für die Normadressaten

26 So auch *Teufer* Alternative Beilegung, S. 67.
27 Charta der Grundrechte der Europäischen Union, ABl. C 2000 364/1.

vorhersehbar sanktionieren. Ließe der Staat den Marktteilnehmern unkontrollierten Lauf, könnte er nicht steuern, verhindern oder eingreifen, so bildeten sich für den Wettbewerb nachteilige Kartelle und Monopole.

Insoweit ist die Öffentlichkeit auch an einem ausgewogenen, prinzipiengeleiteten Verfahrensrecht interessiert, wie es das Schieds- und Mediationsrecht anstreben. Freilich gilt dieser Aspekt für die gesamte Rechtsprechung und Rechtspflege.

Des Weiteren muss die Öffentlichkeit daran interessiert sein, dass jedenfalls ein Teil der Verfahren durch staatliche Gerichte gelöst wird. Dies spielt gerade im Wettbewerbsrecht eine entscheidende Rolle. Denn dieses Rechtsgebiet ist geprägt durch generalklauselartige Normen. Sie können erst durch richterliche Rechtsfortbildung in Einzelfällen klare Konturen gewinnen, die durch veröffentlichte Gerichtsentscheidungen bekannt werden. Neben der Schaffung eines funktionierenden, vorhersehbaren und öffentlich bekannten Systems muss der Staat dafür sorgen, dass die Bürger diesem System vertrauen. Dem dient insbesondere die Öffentlichkeit der staatlichen Verfahren gemäß § 169 GVG.

Außerdem setzt ein funktionierender Rechtsstaat ein faires Verfahren voraus (Art. 6 Abs. 1 EMRK). Dem dient unter anderem der Grundsatz der Waffengleichheit im Zivilprozess[28] wie in alternativen Verfahren. Dabei kann es gerade mit Blick auf wettbewerbsrechtliche Streitigkeiten notwendig sein, ein etwaiges Machtgefälle auszugleichen. Insbesondere können die verfügbaren Ressourcen der Streitparteien zu Verzerrungen führen und im Widerspruch zur Gerechtigkeit stehen, etwa weil einer der Parteien den besseren Zugang zu Informationen hat, den Streit langfristiger finanzieren kann oder anders gewendet auf eine schnelle Schadenskompensation angewiesen ist.[29]

Für die Funktionsfähigkeit des Systems wichtig ist aber auch, dass die staatlichen Gerichte entlastet oder jedenfalls nicht überlastet werden.[30]

Daneben tritt das immer stärker betonte Interesse, die Streitkultur mittels einvernehmlicher Streitbeilegung zu fördern.[31]

---

28 Dazu umfassend *Schack* ZZP 129 (2016), 393.

29 *Fiss* 93 Yale Law Journal 1984, 1073, 1076; *Schack* US-ZPR, Rn. 220.

30 Vgl. *Palmer/Roberts* Dispute Processes, S. 26 zur »access to justice« – und daraus folgenden ADR-Bewegung in den 1960/70er Jahren, als Gerichte insbesondere in den USA faktisch kaum zugänglich waren und nach *Schack* US-ZPR, Rn. 211 für kleinere Streitigkeiten wegen der Kosten und der Verfahrensdauer noch immer sind.

31 S. unten S. 59.

II. Konfliktparteien

Die Parteien sind im Zivilrecht daran interessiert, selbst entscheiden zu können, ob und wie sie den Streit führen möchten (Dispositionsmaxime). Sie wollen ihren Konflikt möglichst schonend und nachhaltig beenden. Beide werden darauf achten, dass das Verfahren schnell, möglichst unkompliziert und wirtschaftlich[32] abläuft. Ein Kompromiss ist häufig das Mittel, das diese Anforderungen am besten erfüllt. Die Taktik, durch Verfahren unterschiedlicher Art eine Lösung zu verzögern oder zu vereiteln, etwa mittels Patentklagen einen Marktzutritt zu verhindern, ist bei einer Gesamtbetrachtung aller Streitigkeiten die seltene Ausnahme.

Legt man die Spieltheorie[33] zugrunde, so kommt man zu dem bemerkenswerten Ergebnis, dass eine rechtswidrige Absprache in der Regel für beide Seiten nicht nur die schonendste, sondern auch die lukrativste Art der Konfliktbeilegung ist: Verhandelt eine Seite von Beginn an konfrontativ, muss sie damit rechnen, dass die Gegenseite spätestens, wenn die Parteien erneut verhandeln, ebenfalls konfrontativ reagiert.[34] Je mehr eine Verhandlung zur Konfrontation wird, desto weiter entfernt sich das Verfahren davon, ein den Parteiinteressen entsprechend schnelles, einfaches und wirtschaftliches Ergebnis zu liefern. Das bewirkt einen gewissen Druck der Parteien, sich zu einigen. Gleichzeitig steigt damit das Risiko, dass sie ihre insoweit gleichlaufenden Parteiinteressen über die öffentlichen Interessen an einem freien und fairen Wettbewerb stellen.[35]

Die Gesamtheit aller Unternehmen teilt das Interesse der konkret streitenden Parteien an einem Kompromiss nicht und strebt vielmehr einen unbeschränkten Wettbewerb mit all seinen Möglichkeiten[36] an.[37]

Solange wettbewerbswidrige Vereinbarungen nicht aufgedeckt werden, müssen die Parteien in aller Regel keine Konsequenzen fürchten. Deshalb entspricht es neben einer möglichst einvernehmlichen Lösung den Parteiinteressen, dass ein rechtlich fragwürdiges Einvernehmen im Zweifel geheim bleibt.

Ferner sind die Parteien an flexiblen Verfahren, Handlungsspielräumen und geringen Kosten[38] interessiert. Inwiefern Rechtssicherheit von Interesse ist, hängt vom Einzelfall ab: Planen die Parteien wettbewerbsbeschränkende Ver-

32 *Teufer* Alternative Beilegung, S. 54; vgl. zur Fokussierung der Mediation auf Interessen generell *Haft* BB 1998 Beil. 10, 15ff.

33 Dazu unten S. 56f.; vgl. auch *Teufer* Alternative Beilegung, S. 136f.; *Hager* Konflikt und Konsens, S. 71.

34 Vgl. *Axelrod* Cooperation, S. 27ff., 31; *Hager* Konflikt und Konsens, S. 71.

35 Vgl. *Teufer* Alternative Beilegung, S. 53ff.

36 Vgl. *Neumann* Wettbewerbspolitik, S. 17.

37 *Teufer* Alternative Beilegung, S. 54.

38 Insbesondere im gewerblichen Rechtsschutz, vgl. *Frost* Schiedsgerichtsbarkeit im Bereich des geistigen Eigentums, S. 193.

einbarungen, so tritt dieses Interesse zurück. Soll die Einigung beständig und nachhaltig sein und den Parteien Planungssicherheit verschaffen, so steigt das Interesse an Rechtssicherheit. Jedenfalls ist davon auszugehen, dass sich die Parteien Klarheit über Risiken und etwaige Folgen wünschen, um eine stabile Beurteilungsgrundlage zu haben.[39]

An Fairness oder Waffengleichheit sind die Parteien im Einzelfall - wieder im Gegensatz zur Gesamtheit der Marktteilnehmer - nur insoweit interessiert, als damit geringere Kosten oder ein schnelleres, flexibleres Verfahren einhergehen.[40]

III. Mediator

Als unparteiischer Dritter sollte ein Mediator zwar idealerweise als reiner Dienstleister und damit ausschließlich im Interesse der Parteien handeln. Als Teilnehmer am Wirtschaftsleben hat er aber auch eigene Interessen, die ihn je nach Kundenkreis gegenüber kartellrechtsrechtswidrigen Absprachen verschlossen oder offen machen können. Denn ein Mediator ist generell daran interessiert, dass die Parteien ihn erneut auswählen oder weiterempfehlen.

Fraglich ist, ob sich ein etwaiges Interesse eines Schiedsrichters, die Normen des Kartellrechts zu beachten, auf die Situation eines Mediators übertragen lässt. Ein integrer Schiedsrichter, der sich nicht den Parteiinteressen verschreibt, indem er kartellrechtswidrige Absprachen duldet, fördert oder selbst erlässt, weiß, dass er den Parteien mit einem kartellrechtswidrigen Schiedsspruch keine rechts- und planungssichere Grundlage für ihre weitere Tätigkeit bietet. Die Gesamtheit der Marktteilnehmer hat ein Interesse daran, dass sich alle an die Regeln der Marktordnung halten.[41] Legt man ferner zugrunde, dass sich der Großteil der Marktteilnehmer an die Regeln hält, dann verlöre der Schiedsrichter mit einer rechtsunsicheren oder rechtswidrigen Praxis beim Großteil der Marktteilnehmer an Reputation.[42] Ist der Schiedsrichter indessen nicht integer, kann er trotzdem Reputation aufbauen, allerdings nur bei denjenigen Unternehmen, die an wettbewerbswidrigem Verhalten interessiert sind.

Ein Mediator ist hinsichtlich kartellrechtswidriger Verhaltensweisen der Parteien in seinem Verfahren nicht mit einem Schiedsrichter gleichzusetzen. Letzterer trifft im Schiedsverfahren die Entscheidung. Nachteilige Folgen des Schiedsspruchs können seinen Ruf mithin stärker beeinträchtigen als dies bei

39 So auch *Teufer* Alternative Beilegung, S. 55.
40 A. A. *Teufer* Alternative Beilegung, S. 57; *Hager* Konflikt und Konsens, S. 122ff.
41 S. oben S. 21.
42 Vgl. hierzu *Teufer* Alternative Beilegung, S. 116f.; ebenso *Zimmer* Zulässigkeit und Grenzen, S. 115.

einer von einem Mediator vermittelten kartellrechtswidrigen Vereinbarung der Parteien zu erwarten ist. Diese Argumentation gilt allerdings nur für Schiedssprüche durch Richterspruch; wenn die Parteien durch einen Vergleich das Schiedsverfahren beenden, stehen sich der dann nur moderierende Schiedsrichter und ein Mediator sehr nahe.

Diejenigen, denen der Mediator ein vertrauliches Forum bietet, werden ihn für wettbewerbswidrige Zwecke wieder einsetzen oder weiterempfehlen.[43] Denn gegebenenfalls nachteilige Folgen des von ihm geleiteten Verfahrens beruhen weniger auf seinen Fehlern als auf dem Willen der Parteien. Diese Überlegung wird aber insofern relativiert, als der Mediator einer eigenständigen kartellrechtlichen Haftung ausgesetzt ist.[44] Sobald er sich dieser Haftung bewusst ist, sollte er ein starkes Eigeninteresse an kartellrechtskonformem Verhalten haben.

IV. Ergebnis

Der Staat muss einen funktionierenden, angemessenen und verhältnismäßig ausbalancierten Rechtsrahmen für die Streitbeilegung schaffen. Eine freie Marktwirtschaft erfordert, dass die Marktteilnehmer privatautonom handeln und eine Plattform für die Erledigung ihrer Streitigkeiten finden. Alternative Streitbeilegung wird wie der Zivilprozess von den Parteien, geleitet von ihren Interessen, gesteuert.[45] Dies kann dazu führen, dass die Parteien den Streit den Bedingungen des Wettbewerbs entziehen und eine an ihren individuellen wirtschaftlichen Belangen ausgerichtete Lösung suchen.

Der Staat darf die Zügel der öffentlichen Interessen nicht aus der Hand geben und muss sie gleichwohl so locker halten, dass die Parteiinteressen angemessen zur Geltung kommen können.[46] Insofern steht in der EU mit dem Kartellverbot des Art. 101 Abs. 1 AEUV fest, dass die Parteiinteressen hinter dem öffentlichen Interesse zurückstehen müssen, soweit das Verhalten den Wettbewerb beschränkt und nicht durch die Legalausnahme des Art. 101 Abs. 3 AEUV erlaubt ist.[47]

Diese Arbeit klärt, ob die Rechtslage in Deutschland diese auf Interessen basierenden Vorgaben ausreichend beachtet, sie richtig abwägt, dem Kartellverbot Vorrang einräumt und ob sich dieser Vorrang auch effektiv durchsetzen lässt.

---

43 So scheint die AC-Treuhand AG mit Sitz in Zürich eine bekannte Plattform einschließlich Organisationshilfe für Kartelle zu bieten, zu den Urteilen *AC-Treuhand I* und *II* s. unten S. 124f.

44 Zu den Rechtsfolgen s. unten S. 128ff.

45 Vgl. nur § 308 ZPO.

46 Zur Bedeutung öffentlicher Interessen im Rahmen der Mediation vgl. auch *Teufer* Alternative Beilegung, S. 176.

47 *Teufer* Alternative Beilegung, S. 73 mwN.

C. Kartellverbot

Das Kartellverbot ist eine der drei Säulen des Kartellrechts. Das Kartellrecht wiederum ist Teil der Wirtschafts- und Marktordnung Deutschlands und der Europäischen Union. Im Folgenden wird dargestellt, was das Kartellverbot bezweckt und mit welchen Mitteln es diesen Zweck verfolgt. Dabei wird der Bezug zum Immaterialgüterrecht aufgezeigt. Schließlich bleibt zu klären, welches das hier anwendbare Recht ist und wann ein Verhalten gegen das Kartellverbot verstößt.

I. Recht der Europäischen Union

Die EU und Deutschland als Mitglied der Union haben das Ziel, einen gemeinsamen Binnenmarkt zu errichten, Art. 3 Abs. 3 S. 1, 4 EUV. Dieser einheitliche Markt soll nach marktwirtschaftlichen Regeln organisiert sein, Art. 3 Abs. S. 2 EUV, Art. 119 Abs. 1, 120 S. 2, 127 Abs. 1 S. 3 AEUV. Dazu gehört ein unverfälschter Wettbewerb. Das war zur Zeit der Europäischen Gemeinschaft dem 2009 gestrichenen Art. 3 lit. c EGV[48] zu entnehmen. Gemäß dem Protokoll über den Binnenmarkt und den Wettbewerb vom 13. 12. 2007[49] sollte sich an diesem System allerdings nichts ändern.[50]

Das System unverfälschten Wettbewerbs besteht im Wesentlichen aus zwei Säulen: Art. 106–113 AEUV regulieren die Wirtschaftsinterventionen der Mitgliedstaaten. Daneben bestimmt die zweite Säule den Rahmen, in dem sich die Unternehmen als Wirtschaftsteilnehmer bewegen dürfen. Deren Verhalten re-

48 Vertrag zur Gründung der Europäischen Gemeinschaft idF vom 2. 10. 1997, zuletzt geändert durch den Vertrag über den Beitritt der Republik Bulgarien und Rumäniens zur Europäischen Union vom 25. 4. 2005, ABl. EG L 157/11.

49 ABl. 2007 C 306, 156.

50 So auch EUGH Rs. C-52/09, EU:C:2011:83 = GRUR Int. 2011, 413ff. – *TeliaSonera*; BGHZ 188, 326, 337 – *Flughafen Frankfurt-Hahn*.

geln auf EU-Ebene die Art. 101–106 AEUV. Für diese Untersuchung hat nur die zweite Säule Bedeutung.

Das marktwirtschaftlich organisierte System ermöglicht den Wirtschaftsteilnehmern, grundsätzlich freie, insbesondere vom Staat unabhängige Entscheidungen zu treffen. Die Entscheidungen der Unternehmen sollen aber nicht nur unabhängig vom jeweiligen Mitgliedstaat oder der EU sein. Sie dürfen ihre marktbezogenen Entscheidungen grundsätzlich auch nicht mit anderen Unternehmen absprechen oder koordinieren, sondern müssen selbstständig handeln. Die Unternehmen sollen allein anhand der Gegebenheiten des von Wettbewerb geprägten Marktes entscheiden. Das Selbstständigkeitspostulat schützt mithin den wettbewerblich organisierten Binnenmarkt gegen Beschränkungen durch die Wirtschaftsteilnehmer.[51]

II. Unterschiede im deutschen Recht

Als normenhierarchisch vorrangig bestimmt das Primärrecht der EU mit Art. 3 Abs. 3 S. 2 EUV, Art. 119 Abs. 1, 120 S. 2, 127 Abs. 1 S. 3 AEUV auch für Deutschland das marktwirtschaftliche System.

Das deutsche Kartellverbot findet sich überwiegend im GWB. Ursprünglich unterschieden sich das deutsche und das europäische Kartellverbot wesentlich. Mittlerweile ist das deutsche dem europäischen Kartellverbot zu größten Teilen angeglichen. Dies beruht auf dem erweiterten Vorrang des Unionsrechts durch Art. 3 Abs. 2 S. 1 der Kartellverfahrens-VO 1/2003.[52] Das deutsche Kartellverbot unterscheidet sich nur noch in Bezug auf Mittelstandskartelle (§ 3 GWB), Wettbewerbsregeln (§§ 24–27 GWB), Landwirtschaft (§ 28 GWB), Preisbindung bei Zeitungen und Zeitschriften (§ 30 GWB) und Verträge der Wasserwirtschaft (§§ 31–31b GWB).

Das hier wichtige Kartellverbot ist in § 1 GWB normiert, der den Art. 101 Abs. 1 AEUV spiegelt.

51 EUGH Rs. 40/73, EU:C:1975:174 = NJW 1976, 470 Tz. 4 – *Suiker Unie*; *Wiedemann*, Handbuch KartellR, § 2 Rn. 3.

52 Verordnung (EG) Nr. 1/2003 des Rates vom 16. 12. 2002 zur Durchführung der in Artikel 81 und 82 des Vertrages niedergelegten Wettbewerbsregeln, ABl. L 1, 1, zuletzt geändert durch Anh. I ÄndVO (EG) 487/2009 vom 25. 5. 2009, ABl. L 148, 1.

III. Anwendbares Kartellverbot

1. Zwischenstaatlichkeitsklausel als Kollisionsnorm

Je nach Sachverhalt müssen die Kartellbehörden entweder das deutsche oder das europäische Kartellverbot anwenden. Dabei wenden die mitgliedstaatlichen Gerichte und Behörden immer mindestens auch das europäische Kartellverbot an, Art. 3 Abs. 1 S. 1 VO 1/2003. Ist Art. 101 Abs. 1 AEUV anwendbar, dann genießt er Anwendungsvorrang, Art. 3 Abs. 2 VO 1/2003. § 22 GWB wiederholt diese Regelung.

Art. 101 Abs. 1 AEUV enthält mit der Formulierung »welche den Handel zwischen Mitgliedstaaten zu beeinträchtigen geeignet sind« die sogenannte Zwischenstaatlichkeitsklausel. Dieses Tatbestandsmarkmal grenzt die Wettbewerbsregeln der EU von denen der Mitgliedstaaten ab.[53] Damit ist sie auch eine implizite Kollisionsnorm, die den sachlichen Anwendungsbereich von Art. 101 AEUV begrenzt.[54]

a) Handel

Der Begriff »Handel« wird sehr weit ausgelegt. Er umfasst den gesamten Wirtschaftsverkehr, soweit er der Anwendung des AEUV unterliegt.[55]

b) Eignung zur Beeinträchtigung

Für die Frage, ob die Maßnahme geeignet ist, den Handel zu beeinträchtigen, ist nach der Rechtsprechung des EUGH von dem EU-Vertragsziel auszugehen, einen einheitlichen zwischenstaatlichen Markt zu verwirklichen. In diesem Sinne nachteilig sind Maßnahmen, die aufgrund der gesamten Umstände geeignet sind, unmittelbar oder mittelbar den Handel zwischen den Mitgliedstaaten zu beeinträchtigen, und zwar, indem die Maßnahme zur Errichtung von Handelsschranken im Binnenmarkt beiträgt und die vom Vertrag gewollte, wechselseitige Durchdringung der Märkte erschwert.[56] Mittelbare und Drittwirkungen werden einbezogen. Darunter können nach der Bündeltheorie auch

53 EUGH Rs. C-425/07 P, EU:C:2009:253, Slg. 2009, I-3205 = WuW/E EU-R, 1557 – *AEPI*; *Klingl Thomas* KartellR, § 5 Rn. 247; *Hengst*, Langen/Bunte, Art. 101 AEUV, Rn. 293ff.

54 *Zimmer*, Immenga/Mestmäcker, Art. 101 Abs. 1 AEUV Rn. 194.

55 KOM Leitlinien zur Anwendung von Art. 81 EG-Vertrag auf Technologietransfer-Vereinbarungen 2004, ABl. C 101/2, Rn. 19ff.

56 EUGH Rs. 56/65, EU:C:1966:38 = Slg. 1966, 281, 303 – *LTM/MBU*.

Teile eines umfassenden Vertragssystems fallen, die einzeln betrachtet nicht, wohl aber im gesamten Vertragssystem zu Beeinträchtigungen führen können.[57]

An den hypothetischen Verhältnissen ohne die fragliche Maßnahme ist zu beurteilen, ob die Maßnahme den Handel zwischen den Mitgliedstaaten ändern *kann*;[58] das ist eine Prognoseentscheidung.

c) Spürbarkeit der Handelsbeeinträchtigung

Eingeschränkt wird dieser umfassende Geltungsanspruch der EU-Wettbewerbsregeln dadurch, dass die Veränderung des Handels spürbar sein muss. Dies gibt der Wortlaut der Zwischenstaatlichkeitsklausel des Art. 101 Abs. 1 AEUV zwar nicht her. Der EUGH hat allerdings entschieden, dass die Beeinträchtigung nicht bloß geringfügig sein darf. Negativ gewendet lehnt er die Spürbarkeit ab, »wenn die [...] Erzeugnisse nur einen unbedeutenden Prozentsatz des Gesamtmarktes dieser Erzeugnisse im Gebiet des Gemeinsamen Marktes [ausmachen]«.[59]

Die Spürbarkeit muss nicht tatsächlich nachgewiesen werden; es reicht, wenn die Maßnahme geeignet ist, eine derartige Wirkung zu entfalten. Im Anschluss an den EUGH erließ die Europäische Kommission eine Bekanntmachung,[60] die konkretisiert, wann in der Regel eine geringe Bedeutung anzunehmen ist.

2. Auswirkungsprinzip

Schon der Wortlaut des Art. 101 Abs. 1 AEUV beschränkt dessen Anwendungsbereich auf eine Beeinträchtigung »des Wettbewerbs innerhalb des Binnenmarktes«. Um das europäische Kartellverbot anzuwenden, muss sich die Maßnahme innerhalb der Union auswirken.

Wenn die fraglichen Handlungen außerhalb des Unionsgebiets veranlasst werden, kann das europäische Kartellverbot eingreifen. In Betracht kommt die Anwendung des Personalitäts-, Territorialitäts- oder Auswirkungsprinzips.[61]

---

57 EUGH Rs. C-234/89, EU:C:1991:91 = EuZW 1991, 376 Tz. 23ff., 27 – *Delimitis/Henninger Bräu*; s. auch *Emmerich/Lange* KartellR, § 4 Rn. 68; *Kling/Thomas* KartellR, § 5 Rn. 159.

58 EUGH Rs. C-56/65 EU:C:1966:38 = Slg. 1966, 281, 303 – *Maschinenbau Ulm*; *Hengst*, Langen/Bunte, Art. 101 AEUV Rn. 179.

59 EUGH C-306/96, C:1998:173 = GRUR Int. 1998, 598 Tz. 26 – *Javico/Yves Saint Laurent*; dazu *Emmerich* KartellR, § 4 Rn. 38ff. mwN.

60 Leitlinien über den Begriff der Beeinträchtigung des zwischenstaatlichen Handels in den Art. 81 und 82 des Vertrags, ABl. 2004 C 101/81.

61 Zur extraterritorialen Wirkung *Hoffmann*, Dauses/Ludwigs, Art. 101 und 102 AEUV im Überblick Rn. 28ff.

a) Recht der Europäischen Union

Die Europäische Kommission hat sich im Sinne einer möglichst weiten Anwendbarkeit schon früh für das Auswirkungsprinzip entschieden,[62] auch wenn es eher mit fremden Rechtsordnungen kollidiert.

Der EUGH wendet seinem Wortlaut nach das Territorialitätsprinzip an; er weicht es aber insofern auf, als er den Auswirkungsort der fraglichen Maßnahme als den Ort ihrer Durchführung ansieht.[63] Dadurch kommt er zu denselben Ergebnissen wie das Auswirkungsprinzip. Das EUG hingegen wendet ausdrücklich das Auswirkungsprinzip an.[64]

b) Deutsches Recht

Auch der deutsche Gesetzgeber hat sich für das Auswirkungsprinzip entschieden: Nach § 130 Abs. 2 ist das GWB auf alle Wettbewerbsbeschränkungen anzuwenden, die sich im Geltungsbereich des GWB auswirken.

3. Zwischenergebnis

Das Auswirkungsprinzip beruft bei Auswirkungen einer wettbewerbsbeschränkenden Maßnahme in Deutschland sowohl deutsches als auch europäisches Kartellverbot zur Anwendung. Welches der beiden anzuwenden ist, entscheidet die Zwischenstaatlichkeitsklausel. Da das deutsche Kartellverbot in weiten Teilen dem europäischen angepasst ist, fällt die Beurteilung der Maßnahme allerdings meist gleich aus, wenn die Zwischenstaatlichkeitsklausel nicht greift. Da hier die oben genannten[65] Unterschiede zwischen nationalem und europäischem Recht keine Rolle spielen, wird im Folgenden grundsätzlich Art. 101 Abs. 1 AEUV als Maßstab herangezogen.

---

62 KOM vom 24.7.1969, ABl. L 195 – *Farbstoffe;* zur nicht ausdrücklich, aber in der Sache gleichlaufenden Rspr. des EUGH s. *Lindemann*, FK, C Rn. 12ff.

63 EUGH Rs. 89/85, C:1993:120 = Slg. 1988, 5193 Tz. 14ff. – *Ahlström.*

64 EUG Rs. T-102/96, EU:T:1999:65 = Slg. 1999-II, 753 Tz. 76ff., 89ff. *Gencor-Lonrho.*

65 S. oben S. 26.

IV. Tatbestand des Art. 101 Abs. 1 AEUV

In diesem Abschnitt werden diejenigen Tatbestandsmerkmale des Art. 101 Abs. 1 AEUV herausgearbeitet, die maßgeblich sind, um eine Maßnahme im Rahmen einer alternativen Streitbeilegung auf ihre Kartellrechtskonformität zu prüfen.

1. Normadressaten

Art. 101 Abs. 1 AEUV adressiert Unternehmen und Unternehmensvereinigungen. Als Unternehmen definiert der EUGH »jede eine wirtschaftliche Tätigkeit ausübende Einheit, unabhängig von ihrer Rechtsform und der Art ihrer Finanzierung«[66]. Die Kommission hat sich dieser Definition angeschlossen.[67] Unternehmensvereinigungen sind Zusammenschlüsse[68] von Unternehmen mit dem Ziel, die Interessen der Mitglieder wahrzunehmen. Das Kartellverbot wird auf Beschlüsse von Unternehmensvereinigungen erstreckt, um zu verhindern, dass es durch Unternehmenszusammenschlüsse umgangen werden kann.[69]

2. Maßnahmen

Zu den verbotenen Maßnahmen zählt Art. 101 Abs. 1 AEUV Vereinbarungen, Beschlüsse sowie abgestimmte Verhaltensweisen.

a) Vereinbarungen

Zunächst verbietet Art. 101 Abs. 1 AEUV »alle Vereinbarungen«. Diese Formulierung lässt auf eine weite Auslegung schließen. Auch in anderen Sprachen des AEUV (»*accords, accordi, agreements*«) ähnelt der Begriff dem eines Vertrags des bürgerlichen Rechts. Der EUGH lässt jede Willensübereinstimmung zwischen mindestens zwei Parteien genügen. Es reicht also, wenn die Adressaten ihren gemeinsamen Willen zum Ausdruck bringen, sich auf dem Markt in einer bestimmten Weise zu verhalten, gleich ob ausdrücklich oder konkludent, schriftlich, formlos oder überhaupt wirksam geschlossen.[70]

---

66 EUGH Rs. C-41/90, EU:C:1991:161 = Slg. 1991 I, 2010 Tz. 21 – *Macrotron.*

67 KOM ABl. 1989 L 284, 36, 41 – *ARD.*

68 Nicht im Sinne der FKVO.

69 *Füller*, KölnerKO, Art. 101 AEUV Rn. 100; *Emmerich*, Immenga/Mestmäcker, Art. 101 Abs. 1 AEUV Rn. 38.

70 *Emmerich*, Immenga/Mestmäcker, Art. 101 Abs. 1 AEUV Rn. 55.

b) Beschlüsse

Ebenso erfasst sind jegliche Beschlüsse von Unternehmensvereinigungen.[71] Das Kartellverbot soll nicht dadurch umgangen werden können, dass eine Organisation eine Entscheidung trifft, die faktisch einer wettbewerbsbeschränkenden Koordinierung zwischen Unternehmen gleichkommt.[72]

Im mediationsrechtlichen Zusammenhang kann eine vertiefte Diskussion des Tatbestandsmerkmals der Beschlüsse von Unternehmensvereinigungen unterbleiben.

c) Abgestimmte Verhaltensweisen

Abgestimmte Verhaltensweisen bilden das Gegenstück zu einseitigen Maßnahmen von Unternehmen und ähneln einer Vereinbarung: Beide Begriffe erfassen die willentliche Koordinierung des Verhaltens mindestens zweier Unternehmen.[73] Vereinbarungen und abgestimmte Verhaltensweisen unterscheiden sich nur in ihrer Intensität und Ausdrucksform.[74] Insbesondere der Austausch von Informationen kann dazu führen, dass das Tatbestandsmerkmal erfüllt wird.[75] Dazu gehört etwa die Mitteilung an Konkurrenten, sich zukünftig in einer bestimmten Weise verhalten zu wollen, oder der Versuch, zu erfahren, wie die Konkurrenten planen, sich zu verhalten.[76] Das Selbstständigkeitspostulat verbietet jede Fühlungnahme, die dem Zweck dient, Informationen über das Verhalten von Konkurrenten auszutauschen.

Der EUGH versteht als abgestimmte Verhaltensweise jede Form der Koordinierung zwischen Unternehmen, die bewusst eine praktische Zusammenarbeit an die Stelle des mit Risiken behafteten Wettbewerbs treten lässt.[77] Doch muss ein entsprechendes Marktverhalten – im Unterschied zum Tatbestandsmerkmal der Vereinbarung – tatsächlich vorliegen.[78]

---

71 *Behrens* Marktöffnungs- und WettbewerbsR, § 25 Rn. 864.

72 *Emmerich*, Immenga/Mestmäcker, Art. 101 Abs. 1 AEUV Rn. 74.

73 *Emmerich*, Immenga/Mestmäcker Art. 101 Abs. 1 AEUV Rn. 87.

74 EUGH Rs. C-8/08, EU:C:2009:343 = Slg. 2009, I 4562 Tz. 23 – *T-Mobile Netherlands.*

75 KOM ABl. 1994 L 243, 1, 40ff. – *Karton.*

76 Mestmäcker/*Schweitzer*, § 9 Rn. 15ff.

77 Vgl. EUGH Rs. C-48/69, EU:C:1972:70 = Slg. 1972, 622 Tz. 64/67 – *Imperial Chemical Industries.*

78 EUGH Rs. 89/85, EU:C:1993:120 = Slg. 1993-I, 1307 – *Ahlström.*

3. Zwischenstaatlichkeitsklausel als Tatbestandsmerkmal

Die Zwischenstaatlichkeitsklausel ist neben der oben beschriebenen Eigenschaft als Kollisionsnorm zur Abgrenzung von nationalem und europäischem Kartellverbot eine materielle Tatbestandsvoraussetzung des Art. 101 Abs. 1 AEUV. Doch wird an dieser Stelle von weiteren Ausführungen abgesehen. Denn das Ergebnis der kartellrechtlichen Beurteilung ändert sich regelmäßig nicht durch die Zwischenstaatlichkeitsklausel: Wenn sie nicht erfüllt ist, findet § 1 GWB Anwendung, der für die hier relevanten Fragen dieselben Voraussetzungen und Rechtsfolgen vorsieht.

4. Wettbewerbsbeschränkung

Wann eine Wettbewerbsbeschränkung vorliegt, ist schon hinsichtlich der bisher kaum gelungenen Definition von Wettbewerb nicht eindeutig.[79] Man könnte zunächst vom Selbstständigkeitspostulat ausgehen und jede Einschränkung der wirtschaftlichen Handlungsfreiheit der an der Vereinbarung beteiligten Unternehmen erfassen.[80] Alternativ oder zusätzlich wird teilweise auf den Zweck des Kartellverbots abgestellt, namentlich der Schutz der Handlungsmöglichkeiten Dritter sowie die Wahlmöglichkeiten der Marktgegenseite.[81]

Überzeugend ist ein Kompromiss, der den Zweck der Wettbewerbsregeln hochhält: Es geht im Kern um die Handlungsmöglichkeiten der Unternehmen auf dem Binnenmarkt der EU, wobei die Auswirkungen auf Dritte in der Regel berücksichtigt werden.[82]

Um unter Art. 101 Abs. 1 AEUV zu fallen, muss eine bewirkte Wettbewerbsbeschränkung nach dem EUGH spürbar sein;[83] dem hat sich die Kommission angeschlossen.[84] Eine bezweckte Wettbewerbsbeschränkung gilt stets als spürbar.[85]

---

79 *Hengst*, Langen/Bunte, Art. 101 AEUV Rn. 178; *Emmerich*, Immenga/Mestmäcker, Art. 101 Abs. 1 AEUV Rn. 107.

80 *Emmerich*, Immenga/Mestmäcker, Art. 101 Abs. 1 AEUV Rn. 107.

81 *Emmerich*, Immenga/Mestmäcker, Art. 101 Abs. 1 AEUV Rn. 107.

82 *Emmerich*, Immenga/Mestmäcker, Art. 101 Abs. 1 AEUV Rn. 116f., wobei Einzelheiten unklar sind.

83 EUGH Rs. 56/65, EU:C:1966:38, Slg. 1966, 282, 304 – *LTM/MBU.*

84 Bekanntmachung über Vereinbarungen von geringer Bedeutung, die im Sinne des Art. 101 Abs. 1 AEUV den Wettbewerb nicht spürbar beschränken (De-minimis-Bekanntmachung), ABl. 2014 C 291, 01.

85 EUGH Rs. C-226/11, EU:C:2012:795, Tz. 35ff. – *Expedia.*

V. Zweck des Kartellverbots insbesondere im gewerblichen Rechtsschutz

Kartellrecht und gewerblicher Rechtsschutz zählen zum Wirtschaftsrecht. Im Grundsatz verfolgen beide den Zweck, einen freien Wettbewerb herzustellen und zu gewährleisten. Während Schutzrechte eine temporäre Monopolisierung bewirken, zielt das Kartell*recht* auf Wettbewerb durch Vielfalt der Unternehmen ab, will also grundsätzlich keine Monopolstellungen. Das Kartell*verbot* hält die am Markt tätigen Unternehmen dazu an, wirtschaftliche Entscheidungen selbstständig zu treffen. Der Wettbewerb soll frei von Beschränkungen sein und bleiben. Das sichert auch die Möglichkeit, überhaupt am Markt teilzunehmen;[86] dies ist gerade für häufig unerfahrene Marktteilnehmer wie Erfinder oder Urheber wichtig.

Eine für diese Untersuchung interessante Überschneidung von gewerblichem Rechtsschutz und Kartellverbot ist die Problematik einer Wirkungsprivilegierung von Vergleichen, die insbesondere bei Schutzrechtsvergleichen entwickelt wurde und diskutiert wird. Dabei geht es um eine Ausnahme vom Kartellverbot für solche Vergleiche, die zwar wettbewerbsbeschränkend sind, bei denen die Parteien aber aus objektiver Sicht Zweifel an der wettbewerbsbeschränkenden Qualität haben durften.[87]

Ökonomisch betrachtet stehen durch ein Immaterialgüterrecht legitimierte monopolistische Handlungen von Marktteilnehmern nur dann den Zielen des Wettbewerbs entgegen, wenn sie die potenzielle Wertschöpfung eines freien Marktes verringern.[88] Bei der Bewertung muss man sämtliche Folgen der Existenz gewerblicher Schutzrechte einbeziehen: Dazu gehört nicht nur das entstehende Monopolrecht, sondern auch der Anreiz, überhaupt kreativ tätig zu sein und schutzwürdige Immaterialgüter zu schaffen.

Sonst im Kartellrecht vorzufindende Schnittmengen mit dem gewerblichen Rechtsschutz, etwa zu Art. 102 AEUV und Zwangslizenzen, sind hier insoweit ausgeklammert, als sie nicht dem Kartellverbot als der ersten Säule des Kartellrechts zuzuordnen sind.

---

86 Zu Fragen der rechtlichen Marktzutrittsschranke der gewerblichen Schutzrechte, insbesondere Patente, *Jickeli* Marktzutrittsschranken, S. 154ff., 160ff.

87 Vgl. dazu unten S. 76ff. und ausführlich *Köther* Die Anwendung des Art. 101 AEUV auf Schutzrechtsvergleiche.

88 *Schmidtchen*, in: Geistiges Eigentum und Wettbewerbsrecht, S. 27, 29.

VI. Überblick über aktuelle Entwicklungen im Kartellrecht

Das Kartellrecht unterliegt stetigem Wandel und einer rasanten Entwicklung: Zuletzt hat der EU-Gesetzgeber den Mitgliedstaaten aufgegeben, das *private enforcement*, also die Durchsetzung des Kartellrechts auf privatrechtlichem Weg, zu stärken.[89] Dies hat Deutschland in den §§ 33a ff. GWB getan.[90]

Im Jahr 2016 hat der EUGH in Sachen *AC-Treuhand II* die schon ältere Verwaltungspraxis der Kommission zur Gehilfenhaftung im Kartellrecht bestätigt. Diese Rechtsprechung wird im Fall *ICAP* erneut angefochten und auf den Prüfstand gestellt.[91] Insgesamt lässt sich feststellen, dass die Höhe der Bußgelder immer weiter steigt[92] und die mediale Berichterstattung über Kartellverstöße und damit das öffentliche Interesse daran zunimmt.[93]

---

89 Richtlinie 12014/104/EU des Europäischen Parlaments und des Rates vom 26.11.2014 über bestimmte Vorschriften für Schadensersatzklagen nach nationalem Recht wegen Zuwiderhandlungen gegen wettbewerbsrechtliche Bestimmungen der Mitgliedstaaten und der Europäischen Union, ABl. EU L 349, 1.

90 Neuntes Gesetz zur Änderung des Gesetzes gegen Wettbewerbsbeschränkungen vom 1.6. 2017, BGBl. I 1416.

91 Dazu unten S. 127f.

92 Vgl. etwa das Rekord-Bußgeld in Höhe von 2,42 Mrd. € gegen Google *Timmler* http://www.sueddeutsche.de/wirtschaft/rekord-kartellstrafe-google-muss-milliarden-euro-strafe-an-die-eu-zahlen-1.3562501, zuletzt abgerufen am 29.9.2018.

93 Vgl. etwa den Skandal Diesel und AdBlue *Dohmen/Hawranek* http://www.spiegel.de/auto/aktuell/autokartell-hersteller-stimmten-zweifelhafte-adblue-dosierung-mit-bosch-ab-a-1161330.html, zuletzt abgerufen am 29.9.2018.

D. Alternative Streitbeilegung

Im Folgenden werden die Besonderheiten der unter dem Begriff »Alternative Streitbeilegung« zusammengefassten Verfahren erläutert, stets mit Bezug zum Kartellverbot. Sie werden voneinander abgegrenzt, teilweise zusammengefasst, um dann jeweils die Gefahr für das Kartellverbot zu bewerten.

I. Begriff

Der Begriff »Alternative Streitbeilegung« fasst verschiedene Methoden der Konfliktlösung zusammen. Er weist weder feste Konturen auf noch ist er gesetzlich definiert. Alternativ werden die Methoden genannt, weil die Konfliktparteien sie an Stelle staatlicher Gerichte in Anspruch nehmen können.[94] Doch kommen die Methoden zum Teil auch in Betracht, wenn ein Konflikt nicht justiziabel ist.[95] Synonym findet sich der Ausdruck »außergerichtliche Streitbeilegung«. Daneben werden die Begriffe »Streit-« oder »Konfliktbeilegung« oder »Konfliktlösung« ohne Bedeutungsunterschied verwendet. Das Schrifttum anderer Sprachen, aber auch das deutsche, bevorzugt häufig die englische Bezeichnung Alternative Dispute Resolution oder kurz: ADR.

II. Bedeutung

Das Prozessrecht selbst anerkennt außergerichtliche Streitbeilegung als Alternative. § 253 Abs. 3 Nr. 1 ZPO und § 23 Abs. 2 S. 2 FamFG stellen hinsichtlich außergerichtlicher Streitbeilegung besondere Anforderungen an die Klage- bzw. Antragschrift. Gemäß § 278 Abs. 1 ZPO soll der Richter auf eine gütliche Streitbeilegung hinwirken; dazu darf er auch ein nichtstreitiges Verfahren

94 Vgl. *Greger*/Unberath/Steffek, A Rn. 1.
95 Vgl. *Greger*/Unberath/Steffek, A Rn. 1.

durchführen (§§ 278 Abs. 5 S. 1, 278a ZPO; §§ 36a, 81 Abs. 2 Nr. 5, 135, 15 Abs. 4, 156 Abs. 1 S. 3 FamFG; §§ 54a, 64 Abs. 7, 80 Abs. 2 S. 1, 87 Abs. 2 S. 1 ArbGG). Gemäß § 278 Abs. 5 S. 2 ZPO darf der Güterichter alle Methoden der Konfliktbeilegung und insbesondere die Mediation einsetzen. Schließlich erlaubt § 41 Nr. 8 ZPO, einen Richter auszuschließen, wenn er in einem Mediationsverfahren oder sonstigen Verfahren alternativer Streitbeilegung mitgewirkt hat.

Methoden alternativer Streitbeilegung wurden in Deutschland bisher nur wenig in Anspruch genommen,[96] ausgenommen die Schiedsgerichtsbarkeit und Schlichtungsstellen, die traditionell etabliert sind und damit eine Sonderstellung einnehmen.[97] Insbesondere die Mediation wird von der Praxis bisher nur sehr zurückhaltend genutzt.[98]

Ein exaktes und aktuelles Bild von der autonomen, außergerichtlichen Mediation lässt sich nur sehr schwer zeichnen.[99] Die Daten können nur auf Befragungen von Praktikern, Selbstdarstellungen von Anbietern und Veröffentlichungen zum Thema gestützt werden. So hatte die Mediation nicht nur bis zum Jahr 2008 im Zivilrecht kaum Bedeutung.[100] Eine Evaluation im Jahr 2006 zur ZPO-Reform ergab, dass 86 % der Amtsrichter und 81 % der Richter an Landgerichten noch nie ein außergerichtliches Verfahren nach dem jetzigen § 278a ZPO (§ 278 Abs. 5 S. 2 a.F.) vorgeschlagen hatten.[101] Auch Konfliktbeteiligte präferierten nach wie vor fremdentschiedene Konfliktbeilegungsmethoden.[102]

Hohe Vergleichszahlen (ca. 300.000 pro Jahr) in Gerichtsverfahren lassen indes auf ungenutztes Potenzial der alternativen Streitbeilegung schließen. Denn die Menge der Prozessvergleiche vor Landgerichten entspricht annähernd der Menge streitiger Urteile.[103] Es lässt sich daher kaum glaubhaft behaupten, die Methoden alternativer Streitbeilegung in Deutschland hätten ihr Potenzial ausgeschöpft.

Der Bericht der Bundesregierung vom 20. 7. 2017 über die Auswirkungen des Mediationsgesetzes auf die Entwicklung der Mediation in Deutschland und über die Situation der Aus- und Fortbildung der Mediatoren bestätigt diese Erkenntnisse zur geringen Bedeutung der alternativen Streitbeilegungsmethode

96 Zu Zwangsmediation vgl. *Hess* Gutachten F, S. 36ff.

97 *Greger*, Greger/Unberath, 1. Auflage, Teil 3 Rn. 1.

98 Ausführlich der Bericht der Bundesregierung vom 20. 7. 2017 über die Auswirkungen des Mediationsgesetzes auf die Entwicklung der Mediation in Deutschland und über die Situation der Aus- und Fortbildung der Mediatoren, BTDr. 18/13178, 5.

99 Zu den Gründen *Hess* Gutachten F, S. 54.

100 *Hess* Gutachten F, S. 54; *Hess* ZZP 124 (2011), 137, 152; *Greger* NJW 2007, 3258, 3260.

101 *Hommerich/Prütting/Ebers/Lang/Traut* Rechtstatsächliche Untersuchungen, S. 84.

102 So *Haaß*, Handbuch Mediation, § 7 Rn. 54.

103 *Unberath* JZ 2010, 975, 977.

Mediation: Der Bericht hat das gesellschaftliche Interesse an der Mediation mit Hilfe von Google Trends untersucht. Dies offenbarte den Trend, dass sich die Anzahl der Suchanfragen, die den Begriff »Mediation« enthielten, im Zeitraum von 2004 bis 2017 sogar ungefähr halbierten.[104]

Die Gründe für die geringe Nutzung alternativer Streitbeilegungsmethoden sind so vielfältig wie uneindeutig. Die mangelnde Bekanntheit führt dazu, dass sich Konfliktparteien nicht oder kaum selbstständig um eine außergerichtliche Lösung bemühen.[105] Vor dem MediationsG gab es nur sporadische und unzusammenhängende gesetzliche Regelungen zu den Formen alternativer Streitbeilegung.[106] Die Parteien sind solchen Verfahren gegenüber oft misstrauisch: Sie verdächtigen die gegnerische Partei, diese wolle ungerecht verhandeln und eine vielleicht sogar konsensual gefundene Lösung zu ihren Gunsten durchsetzen.[107] Dieses Misstrauen aus dem Weg zu räumen, ist nur bei einem Teil der Verfahren Aufgabe des unparteiischen Dritten.

Rechtsanwälte haben zwar die Pflicht, ihre Mandanten auch konfliktvermeidend und streitschlichtend zu begleiten, § 1 Abs. 3 BORA[108]. Dafür müssen sie allerdings die in Frage kommenden Verfahren kennen und abwägen, welches im Einzelfall die größten Vorzüge für ihren Mandanten bietet.[109]

Anwälte werden nach dem RVG[110] vergütet. § 13 RVG ist die Grundnorm für die Berechnung der Wertgebühren, die die Anlage 1 zu § 2 Abs. 2 S. 1 RVG modifiziert. Hier ist vor allem der Teil 3 der Anlage relevant: Die Gebühren erhöhen sich, wenn der Anwalt einen Prozess führt. Zwar bestimmt § 34 RVG, dass der Anwalt, der als Mediator tätig wird, auf eine Vergütungsvereinbarung hinwirken soll und er ansonsten nach den Vorschriften des bürgerlichen Rechts vergütet wird. Doch kann ein Anwalt keine Vergütung verlangen für die Verweisung an außergerichtliche Konfliktbeilegungsstellen, abgesehen von der üblichen, auf 190 € limitierten Erstberatungsgebühr, § 34 S. 2, 4 a.E. RVG, § 612 Abs. 2 BGB. Es ist daher wahrscheinlich, dass Anwälte – neben unzureichender Kenntnis der Verfahren[111] – nicht das größte Interesse haben, gegebenenfalls besser geeignete Alternativen zum Gerichtsprozess anzubieten oder gar nahezulegen. So hat die Anwaltschaft anscheinend Angst, ihre Mandanten an die von ihnen empfohlenen Mediatoren zu verlieren, die ebenfalls anwaltlich tätig

---

104 BTDr. 18/13178, 5, 41 ff.

105 *Engel/Hornuf* ZZP 124 (2011), 505; *Tochtermann* JuS 2005, 131, 135.

106 *Hess* Gutachten F, S. 100 ff.

107 *Unberath* JZ 2010, 975, 977.

108 Berufsordnung für Rechtsanwälte vom 22.3.1999, BRAK-Mitt. Nr. 3, 123, zuletzt geändert durch Beschluss vom 9.5.2016, BRAK-Mitt. 2016, 235.

109 *Offermann-Burckart* FPR 2010, 431, 434.

110 Rechtsanwaltsvergütungsgesetz vom 5.5.2004, BGBl. I 718, 788.

111 *Greger*/Unberath/Steffek, A Rn. 18 zur juristischen Aus- und Weiterbildung.

sind.[112] Diese Angst ist aber aus zwei Gründen unbegründet: Ein Mediator darf wegen § 3 Abs. 2 S. 2 MediationsG nicht im selben Verfahren anwaltlich tätig werden, und es bleibt einem Anwalt unbenommen, ausschließlich nichtanwaltliche Mediatoren zu empfehlen und seine Mandanten dann selbst im Mediationsverfahren zu begleiten. Insofern nutzen Anwälte aber auch Mediationselemente in Verhandlungen, um auf Dritte zu verzichten und die Einschränkungen des § 3 MediationsG zu umgehen.[113] Nicht zu unterschätzen ist zudem die Gefahr, dass die Mediation großen Kanzleien Mandatskonflikte bescheren kann.[114]

Der Bericht der Bundesregierung über die Auswirkungen des Mediationsgesetzes auf die Entwicklung der Mediation in Deutschland erörtert ausführlich weitere Gründe: die zu geringe Bekanntheit der Mediation, die Konkurrenz alternativer Anbieter wie Telefonmediation von Rechtsschutzversicherungen, und die generell kaum nachvollziehbare, weil nicht klar geregelte und nicht staatlich geprüfte Bezeichnung »zertifizierter Mediator«.[115] Auch hinsichtlich einer angemessenen Mediationskostenhilfe sieht der Bericht deutlichen Verbesserungsbedarf.[116]

III. Methoden

Im Folgenden werden die Besonderheiten der verschiedenen Arten alternativer Streitbeilegung erläutert, voneinander abgegrenzt und ihr Gefährdungspotenzial hinsichtlich des Kartellverbots bewertet. Grob unterscheiden kann man autoritäre und konsensuale Methoden. Bei autoritären Methoden entscheiden meist Dritte, wohingegen konsensuale Methoden die Lösung den Streitparteien überlassen. Näher untersucht werden Schlichtung, Schiedsverfahren, Adjudikation, Schiedsgutachten, Ombudsleute und Mediation sowie ausgewählte ähnliche oder modifizierte Verfahren.

Die verwendeten Definitionen sind – ausgenommen Legaldefinitionen – nicht allgemeinverbindlich; sie dienen nur dem Verständnis und dem Zweck dieser Untersuchung. Mangels gesetzlicher Definition greift die Arbeit auf das allgemeine Begriffsverständnis zurück, soweit sich ein solches gebildet hat.

112 So *Offermann-Burckart* FPR 2010, 431, 432.
113 *Pasetti* SchiedsVZ 2015, 134, 136f.
114 *Pasetti* SchiedsVZ 2015, 134, 137.
115 BTDr. 18/13178, 6f.
116 BTDr. 18/13178, 164ff.

1. Keine vertiefte Diskussion des VSBG

Das 2016 beschlossene und in Kraft getretene VSBG[117] regelt die Formalitäten einer Verbraucherschlichtungsstelle; es setzt die RL 2013/11/EU[118] um. Die Wahl der Verfahrensordnung steht der Schlichtungsstelle frei, § 5 Abs. 1 VSBG. Insofern wählen diese Stellen eines der unten aufgelisteten Verfahren und wenden es an. Da § 5 Abs. 2 VSBG es der Stelle verbietet, Konfliktbeilegungsverfahren zu nutzen, die dem Verbraucher verbindliche Lösungen vorgeben, wird die Stelle in der Regel Mediation oder Schlichtung anbieten.[119] Fällt die Wahl auf Mediation, so sind die Vorschriften des MediationsG anzuwenden, § 18 VSBG.

Besondere Fragen zum Kartellverbot stellen sich durch dieses Gesetz nicht, sodass auf das VSBG nicht eingegangen werden muss.

2. Schlichtung und vergleichbare Verfahren

Zunächst werden die Schlichtung im engeren Sinne, das Güteverfahren sowie der besondere Fall der Schlichtung nach § 36a UrhG erläutert.

a) Schlichtung im engeren Sinne

Der Begriff »Schlichtung« wird nicht einheitlich und gelegentlich als Oberbegriff für verschiedene Verfahrensarten verwendet.[120] Diese Arbeit versteht unter Schlichtung ein Verfahren, in dem die Parteien einen neutralen Schlichter bestellen, der auf die Verhandlung Einfluss nimmt.[121] Der Schlichter gibt als nicht am Konflikt beteiligter Dritter eine Empfehlung ab, die die Parteien nicht bindet.[122] Da der Schlichter die Aufgabe hat, eine Lösung auszuarbeiten und dabei regelmäßig den Sachverhalt ermitteln muss,[123] wird er oft wegen seiner fachlichen Kompetenz ausgewählt.[124]

Die Schlichtung bietet einen gewissen, aber nicht sonderlich großen Raum für

117 Gesetz vom 19.2.2016 zur Umsetzung der Richtlinie über alternative Streitbeilegung in Verbrauchersachen und zur Durchführung der Verordnung über Online-Streitbeilegung in Verbraucherangelegenheiten, BGBl. I 254.

118 Richtlinie 2013/11/EU des Europäischen Parlaments und des Rates vom 21.5.2013 über die alternative Beilegung verbraucherrechtlicher Streitigkeiten und zur Änderung der VO (EG) Nr. 2006/2004 und der RL 2009/22/EG, ABl. L 165/63.

119 Das zeigen auch §§ 18, 19 VSBG.

120 *Alexander/Ade/Olbrisch*, Mediation, Schlichtung, Verhandlungsmanagement, S. 110.

121 So auch *Fritz*/Pielsticker, S. 746 Rn. 13.

122 *Greger/Stubbe* Schiedsgutachten, Rn. 26; *Lembcke*, Fritz/Pielsticker, S. 811 Rn. 1.

123 *Fritz*/Pielsticker, S. 746 Rn. 13.

124 Vgl. *Lembcke*, Fritz/Pielsticker, S. 811 Rn. 2.

kartellverbotswidrige Absprachen. Denn die echte Schlichtung legt Wert auf die Meinung des Dritten. Gleichwohl können die Parteien die Gelegenheit des Aufeinandertreffens in Schlichtungsverfahren für andere Absprachen nutzen, als nur den Streit beizulegen.

b) Güteverfahren als Schlichtung im weiteren Sinne

Neben der privaten Schlichtung stehen den Konfliktparteien das freiwillige und das obligatorische Güteverfahren staatlich anerkannter Gütestellen zur Verfügung. Wegen nicht einheitlicher Bezeichnung (Schlichtungs-, Güte- und Schiedsstellen oder Schiedsamt) muss für eine Abgrenzung von Schiedsgerichten geklärt werden, ob die Stelle ein Verfahren nur vermittelt oder auch eine Entscheidung anbietet.[125] Gütestellen vermitteln ausschließlich. Die jeweilige Gütestelle leitet das Verfahren, wobei die Parteien die inhaltliche Gestaltung übernehmen.[126]

Freiwillige Verfahren können entweder vor oder während eines Prozesses in Anspruch genommen werden. Sie hemmen die Verjährung nach § 204 Abs. 1 Nr. 4 BGB. Falls die Parteien einen Vergleich erzielen, protokolliert die Gütestelle diesen. Ein solcher Vergleich ist gemäß § 15a Abs. 6 S. 2 EGZPO, § 794 Abs. 1 Nr. 1 ZPO vollstreckbar.

Mit § 15a EGZPO hat der Bundesgesetzgeber den Bundesländern ermöglicht, ein obligatorisches Güteverfahren einzuführen: Sie können bestimmen, dass für manche Streitigkeiten die Erhebung einer Klage[127] erst zulässig ist, wenn die Parteien versucht haben, den Konflikt einvernehmlich vor einer Gütestelle zu lösen. In welchen Verfahren und unter welchen Voraussetzungen das obligatorische Güteverfahren möglich und erforderlich ist, regelt § 15a EGZPO. Doch haben nicht alle Bundesländer von dieser Möglichkeit Gebrauch gemacht.[128]

Ein Kartellverstoß im Güteverfahren ist wegen der Nähe zum Staat und der Kompetenz der Güterichter unwahrscheinlich.

c) Schlichtungsstelle nach § 36a UrhG

Die Schlichtungsstelle nach § 36a UrhG soll Vereinigungen von Werknutzern und Vereinigungen von Urhebern dabei unterstützen, gemeinsame Vergütungsregeln aufzustellen, § 36a Abs. 1 UrhG. Die Parteien sollen sich gemäß Abs. 2 auf einen unparteiischen Dritten einigen. Einigen sie sich nicht, so bestellt

125 *Fritz*/Pielsticker, S. 748 Rn. 18.
126 *Fritz* /Pielsticker, S. 748 Rn. 16.
127 Keine Anwendung auf Verfahren des einstweiligen Rechtsschutzes, *Hüßtege*, Thomas/Putzo, § 15a EGZPO Rn. 3.
128 Aufzählung in *Greger*/Unberath/Steffek, E Rn. 15.

ihn das nach § 1062 ZPO zuständige Oberlandesgericht, § 36a Abs. 3 UrhG. Grundsätzlich bestimmen die Beisitzer mit Stimmenmehrheit das Ergebnis selbst. Falls das misslingt, entscheidet die Stimme des Vorsitzenden, § 36a Abs. 5 S. 2 UrhG. Die Parteien können vor dieser Stelle nur Vergütungsregeln aushandeln, die dann für die Beteiligten über §§ 36 Abs. 1 S. 1, 32 Abs. 2 S. 1 UrhG relevant werden.

Ein kartellverbotswidriges Verhalten ist trotz der Macht der Parteien über das Verfahren nicht vorstellbar. Denn sonstige wettbewerbsrelevante Vorgänge können die Parteien vor dieser Stelle nicht verhandeln.[129]

3. Schiedsverfahren und vergleichbare Verfahren

In Schiedsverfahren entscheiden private Schiedsgerichte Rechtsstreitigkeiten an Stelle staatlicher Gerichte. Der folgende Abschnitt konzentriert sich auf die wichtigsten Formen der Schiedsgerichtsbarkeit. Darunter fallen die private Schiedsgerichtsbarkeit nach §§ 1025ff. ZPO mit den Abwandlungen der Last-offer-Arbitration und der High-low-Arbitration, die internationale Schiedsgerichtsbarkeit und das Schiedsstellenverfahren nach §§ 28ff. ArbNErfG. Im Anschluss werden die oft vorgelagerten Verfahren des Mini-Trial und der Early Neutral Evaluation erörtert.

a) Private Schiedsgerichtsbarkeit iSv §§ 1025ff. ZPO

Die Vorschriften der §§ 1025ff. finden nach §§ 1025 Abs. 1, 1030 Abs. 1 ZPO nur Anwendung auf bürgerliche Rechtsstreitigkeiten einschließlich Familienstreitsachen, wenn der Ort des schiedsrichterlichen Verfahrens Deutschland ist. Der Spruchkörper besteht dabei aus einem oder mehreren, meist drei Schiedsrichtern. Hier entscheidet das Schiedsgericht und nicht die beteiligten Parteien, § 1056 ZPO.[130]

Doch können auch die Parteien das Verfahren einvernehmlich beenden und über dessen Ausgang entscheiden. Dies erlaubt in Deutschland der Schiedsspruch mit vereinbartem Wortlaut.[131]

Schiedsverfahren enthalten ein erhebliches Missbrauchspotenzial für kartellverbotswidrige Absprachen: Die Parteien bestellen den Schiedsrichter selbst, § 1035 ZPO; dieser muss nicht juristisch gebildet sein; die Schiedsparteien

129 Zum Verfahren ausführlich *Schmelz-Buchhold* Mediation bei Wettbewerbsstreitigkeiten, S. 173ff.
130 *Schwab/Walter* Schiedsgerichtsbarkeit, Kap. 3 Rn. 20.
131 *Haaß*, Handbuch Mediation, § 7 Rn. 42; *Schack* IZVR, Rn. 1419.

können dem Schiedsrichter nach § 1051 Abs. 3 ZPO die Möglichkeit einräumen, nach billigem Ermessen zu entscheiden; das Verfahren ist ganz im Sinne der Privatautonomie beendet, wenn die Parteien dies wünschen oder sich vergleichen; auch Schiedssprüche mit vereinbartem Wortlaut wirken gemäß §§ 1053 Abs. 2 S. 2, 1055 ZPO wie rechtskräftige Urteile[132] und lassen sich vergleichsweise leicht weltweit vollstrecken.[133]

Zwar begrenzen die folgenden Normen dieses Missbrauchspotenzial; doch sind die Möglichkeiten, staatlich einzugreifen, regelmäßig dem eigentlichen Schiedsverfahren zeitlich nachgelagert und können nur schadensbegrenzend wirken: Wenn der Inhalt des Vergleichs gegen die öffentliche Ordnung verstößt, wird er nicht festgehalten, § 1053 Abs. 1 S. 2 ZPO. Dies liegt jedoch in der Verantwortung des Schiedsrichters und ist damit offen für Missbräuche und Fehlentscheidungen. § 1059 Abs. 2 Nr. 2 lit. a, b ZPO erlauben dem staatlichen Gericht die Aufhebung des Schiedsspruchs, wenn der Streitgegenstand nicht schiedsfähig war oder die Anerkennung des Schiedsspruchs gegen die öffentliche Ordnung verstieße. Schließlich verbietet § 1060 ZPO die Vollstreckbarerklärung eines Schiedsspruchs, soweit er gegen Gründe des § 1059 Abs. 2 ZPO verstößt.

b) Internationale Schiedsgerichtsbarkeit

Der Begriff »Internationale Schiedsgerichtsbarkeit« beschreibt diejenigen Schiedsverfahren, die internationale Sachverhalte betreffen. Doch beruht die internationale Schiedsgerichtsbarkeit stets auf einer nationalen Rechtsordnung einschließlich völkerrechtlicher Verträge. Eine supranationale private Schiedsgerichtsbarkeit gibt es anders als im Völkerrecht nicht. Schiedsgerichte benötigen wenigstens potenziell die Hilfe staatlicher Gerichte, insbesondere für die Vollstreckbarerklärung.[134] Und schon die Parteiautonomie verlangt, auch begrifflich,[135] eine zugrundeliegende Rechtsordnung, die es den Parteien gestattet, autonom zu handeln.[136]

Mit den national normierten Schiedsverfahren haben internationale, nicht modifizierte Schiedsverfahren eines gemein: Es werden Schiedssprüche an Stelle von Urteilen staatlicher Gerichte erlassen. Doch dürfen Schiedsgerichte

132 Und geht damit über die Wirkung eines Prozessvergleichs iSv § 794 Abs. 1 Nr. 1 ZPO hinaus; *Schütze* FS Werner Lorenz 2001, S. 275, 281.

133 Dazu unten S. 62.

134 *Böckstiegel* RIW 1979, 161, 163ff.

135 *Flume* BGB AT, 2. Bd, 1f.

136 Hierzu *Schack* IZVR, Rn. 1287ff.; *Schwab/Walter* Schiedsgerichtsbarkeit, Kap. 41 Rn. 21.

dem EUGH keine Rechtsfragen zur Vorabentscheidung gemäß Art. 267 AEUV vorlegen,[137] etwa um die Konformität mit dem EU-Kartellrecht zu klären.

Das Risiko für das Kartellverbot entspricht damit dem der nationalen privaten Schiedsgerichtsbarkeit.

c) Besondere und modifizierte Schiedsverfahren

Zu den bekannteren Modifikationen des Schiedsverfahrens zählen die Last-offer-Arbitration und die High-low-Arbitration.[138] Sie werden hier dargestellt, weil sie die Besonderheit aufweisen, den Parteien einen gewissen Einfluss auf den Schiedsspruch einzuräumen. Die strukturelle Gefahr dieser Modifikationen für Kartellverstöße ist damit etwas höher einzustufen als bei der reinen Schiedsgerichtsbarkeit.

aa) Last-offer-Arbitration

Die Parteien geben bei der Last-offer-Arbitration nach der Verhandlung jeweils ein letztes, verbindliches Vergleichsangebot ab. Das Schiedsgericht muss dann dasjenige Angebot in einen Schiedsspruch umsetzen, das näher an dem Schiedsspruch gelegen hätte, der bei einer ungebundenen Entscheidung ergangen wäre.[139]

Beispielhaft ist Art. 14 (b) (iii) der WIPO Mediationsregeln[140], der diese Methode sogar nach einer gescheiterten Mediation trotz letzter Angebote vorschlägt: Das Mediationsverfahren wird zu einem Schiedsgericht mit Last-offer-Modifikation und der Mediator zum Schiedsrichter.

bb) High-low-Arbitration

Ähnlich wie bei der Last-Offer-Arbitration haben die Parteien auch bei der High-low-Arbitration Einfluss auf das Ergebnis: Sie geben dem Schiedsrichter allerdings nicht zwei Alternativen zur Wahl vor, sondern setzen mit ihren Vergleichsangeboten einen Rahmen, innerhalb dessen sich der Schiedsspruch bewegen muss.[141]

---

137 So etwa EUGH Rs. C-567/14, EU:C:2016:526 = GRUR 2016, 917 –*Genentech Inc./Hoechst.* Zu Schiedsgerichten auf Grundlage bilateraler Investitionsschutzabkommen EUGH Rs. C-284/16, EU:C:2018:158 = EuZW 2018, 239 – *Achmea.*

138 *Risse*, Handbuch Mediation, § 23 Rn. 99.

139 Zum Ganzen *Risse*, Handbuch Mediation, § 23 Rn. 100ff.

140 Unter http://www.wipo.int/amc/de/mediation/rules/index.html, zuletzt abgerufen am 29. 9. 2018.

141 Zum Ganzen *Risse*, Handbuch Mediation, § 23 Rn. 103f.; *Risse* Wirtschaftsmediation, § 15 Rn. 29ff.

cc) *Schiedsstellenverfahren nach §§ 28ff. ArbNErfG*

Für Streitigkeiten über Arbeitnehmererfindungen zwischen Arbeitnehmer und Arbeitgeber eröffnet § 28 ArbNErfG[142] den Weg zu einer Schiedsstelle. Ihr Ziel ist die gütliche Einigung der Parteien, § 28 S. 2 ArbNErfG. Die Schiedsstelle befindet sich beim Deutschen Patent- und Markenamt (DPMA), § 29 ArbNErfG. Das in § 33 Abs. 2 ArbNErfG näher geregelte Verfahren ist ein Schiedsverfahren: Die Schiedsstelle schlägt eine Einigung vor, die als angenommen gilt, wenn die Parteien nicht widersprechen, § 34 Abs. 2, 4, § 33 Abs. 1 ArbNErfG. Damit erschöpft sich der Einfluss der Parteien auf das Ergebnis.[143] Ein strukturell bedingter Kartellverstoß ist unwahrscheinlich.

dd) *Schiedsstellenverfahren nach §§ 92ff. VGG*

Das an das ArbNErfG angelehnte ehemalige Schiedsstellenverfahren der §§ 14ff. WahrnG wurde im Zuge des VGG reformiert.[144] Heute findet sich die Regelung in § 92ff. VGG. Diese beim DPMA in München angesiedelte Schiedsstelle können (bzw. müssen, § 128 VGG) die Parteien für Streitigkeiten anrufen, an denen eine Verwertungsgesellschaft beteiligt ist, wobei die möglichen Streitfälle abschließend aufgelistet sind, § 92 Abs. 1 VGG.

Bedenkt man den spezifischen Bereich, in dem das Verfahren stattfindet, die notwendige Befähigung zum Richteramt der Vor- und Beisitzer nach § 124 Abs. 2 VGG, die Reputation und Sachkunde der Stelle sowie die Öffentlichkeit des Verfahrens und die bei der Schiedsstelle liegende Macht über das Verfahren etwa nach § 104 VGG, so ist das kartellrechtliche Gefahrenpotenzial minimal. Schließlich findet das Verfahren seinen Abschluss in einem (nicht bindenden) Einigungsvorschlag der Schiedsstelle, § 105 Abs. 1 S. 1 VGG.

d) Ähnliche und vorgelagerte Verfahren zum Schiedsverfahren

Um im Vorfeld eines schiedsgerichtlichen oder gerichtlichen Verfahrens die Erfolgsaussichten zu prüfen oder neutralen Rechtsrat einzuholen, stehen den Parteien auch die Methoden des Mini-trials und der Early neutral evaluation zur Verfügung. Auch wenn diese Verfahren in Deutschland eher unbekannt sind,[145]

---

142 Gesetz über Arbeitnehmererfindungen idF vom 25.7.1957, BGBl. III 422, zuletzt geändert durch G. vom 31.7.2009, BGBl. I 2521.

143 Vgl. zum Ganzen auch *Schmelz-Buchhold* Wettbewerbsstreitigkeiten, S. 169ff.

144 RegE BTDr. 18/7223, 99ff. zum Gesetz vom 24.5.2016, über die Wahrnehmung von Urheberrechten und verwandten Schutzrechten durch Verwertungsgesellschaften (Verwertungsgesellschaftengesetz) BGBl. I 1190, zuletzt geändert durch G. vom 17.7.2017, BGBl. I 2541.

145 Vgl. BTDr. 17/5335, 11.

sollen sie doch als Alternative zur gerichtlichen Konfliktlösung in diesem Abschnitt kurz vorgestellt werden.

aa) Mini-trial

1977 hat die New York Times den Begriff »Mini-trial« für ein neues Verfahren zur Beilegung einer Patentstreitigkeit geprägt.[146] Das Verfahren des Mini-trial ist privat und freiwillig. Es ähnelt dem (schieds-)gerichtlichen Verfahren, beschränkt sich aber auf die zentralen Streitpunkte und ist diesem vorgelagert. Allerdings präjudiziert ein Mini-trial nicht das sich gegebenenfalls anschließende (Schieds-)Gerichtsverfahren.[147]

Ziel eines Mini-trial ist, die Chancen und Risiken eines schiedsgerichtlichen oder gerichtlichen Verfahrens einzuschätzen.[148] Dafür tauschen die Parteien in der Regel schriftlich oder mündlich die Standpunkte aus. Bei Bedarf kann auch ein Beweisverfahren durchgeführt werden. Doch sollen Mini-trials möglichst wenig Zeit in Anspruch nehmen.[149] Der Spruchkörper in diesem Verfahren besteht aus je einem Entscheidungsträger der Parteien, die gegebenenfalls einen Dritten als neutralen Vorsitzenden bestimmen.[150] Der Vorteil dieses Verfahrens liegt darin, dass die auf beiden Seiten im Unternehmen Verantwortlichen die Erfolgsaussichten selbst einschätzen und das Ergebnis selbst bestimmen.[151]

Mit Blick auf das Kartellverbot steht damit auch der Nachteil fest: Auch wenn gegebenenfalls, aber nicht zwangsläufig ein neutraler Dritter zugeschaltet wird, haben die Parteien einen großen Spielraum, der eine Koordinierung zwischen den Unternehmen ermöglicht.

bb) Early neutral evaluation

Auch die Early neutral evaluation soll früh und schnell Konflikte bewerten, im Unterschied zum Mini-trial aber immer mit Hilfe eines neutralen Dritten.[152] Entwickelt wurde das Verfahren in einem Projekt des *U.S. District Court for the Northern District of California.*[153] Der neutrale Dritte hat in der Regel Fachwissen auf dem Konfliktgebiet und wird in kurzer Zeit über die Ansichten der Parteien aufgeklärt. Er zieht sich dann zurück, um den Konflikt nicht bindend zu beurteilen und den Parteien sein Ergebnis mit den wichtigsten Gründen darzulegen.

146 *Risse*, Handbuch Mediation, § 23 Rn. 97.
147 *Helm/Bechtold* ZKM 2002, 159.
148 *Eidenmüller* RIW 2002, 1, 7.
149 *Eidenmüller* RIW 2002, 1, 7; *Risse*, Handbuch Mediation, § 23 Rn. 98.
150 *Risse*, Handbuch Mediation, § 23 Rn. 97.
151 Zum Ganzen *Fritz*/Pielsticker, S. 749 Rn. 19f.
152 *Fritz*/Pielsticker, S. 751 Rn. 23; *Risse* Wirtschaftsmediation, § 15 Rn. 49ff.; vgl. auch *Palmer/Roberts* Dispute Processes, S. 274ff.
153 *Schack* US-ZPR Rn. 215; *Risse*, Handbuch Mediation, § 23 Rn. 105.

Davor fragt er in der Regel die Parteien, ob sie sich nicht mit seiner Hilfe vergleichen wollen. Das führt nicht selten zu einer einvernehmlichen Streitbeendigung.[154]

Es ist davon auszugehen, dass der neutrale Dritte selbst keinen kartellverbotswidrigen Vorschlag unterbreiten wird. Diese Annahme gilt aber nur, wenn er das Kartellverbot kennt. Treffen sich die Konkurrenten, besteht ferner das allgemeine, allgegenwärtige Risiko eines Kartellverbotsverstoßes. Strukturell steigert die Early neutral evaluation dieses Risiko insofern, als sich die Parteien über ihre Interessen austauschen.

4. Adjudikation

Unter Adjudikation versteht man ein Verfahren, in dem ein sachverständiger Experte als Dritter eine vorläufig bindende Entscheidung in einem Konflikt trifft.[155] Die Parteien sind nur so lange an die Entscheidung gebunden, bis der Konflikt in anderen Verfahren gelöst wird.

Auch bei diesem Verfahren besteht nur das allgemeine Risiko des Treffens mehrerer Konkurrenten: Der Sachverständige bekommt ein bestimmtes Problem vorgelegt, wobei kein Interesse auf seiner Seite erkannt werden kann, dieses kartellverbotswidrig zu lösen. Die temporäre Wirkung der Entscheidung entschärft das Risiko zusätzlich.

5. Schiedsgutachten

Schiedsgutachten sind alle materiell-rechtlich verbindlichen Entscheidungen eines neutralen Dritten zu einem ihm von Konfliktparteien unterbreiteten Sachverhalt.[156] Schiedsgutachten unterliegen der richterlichen Kontrolle gemäß §§ 317 ff. BGB. Möglich sind Schiedsgutachten zur Beurteilung sowohl von Tatsachen wie von Rechtsfragen.[157] Mit rein materiell-rechtlicher Bindungswirkung festgestellt werden nur einzelne Elemente des Rechtsstreits; die Entscheidungen eines Schiedsgutachters sind nicht rechtskraftfähig.[158]

Aufgrund der Struktur von Schiedsgutachten ist das allgemeine Risiko der Koordinierung zwischen Konkurrenten eher gering. Denn die Parteien müssen sich zur Durchführung des Verfahrens nicht einmal treffen.

154 *Risse*, Handbuch Mediation, § 23 Rn. 106.
155 *Fritz*/Pielsticker, S. 752 Rn. 25.
156 *Borowsky* Schiedsgutachten, S. 194; zum Ganzen *Schack* IZVR, Rn. 1263 ff.
157 *Fritz*/Pielsticker, S. 753 Rn. 29 ff.; und näher *Greger*/*Stubbe*, Schiedsgutachten.
158 *Lembcke* ZGS 2009, 548, 553.

6. Ombudsmann

Ein Ombudsmann ist ebenfalls ein neutraler Dritter, der für verschiedene Konflikte zur Streitbeilegung in Anspruch genommen werden kann. Der Ombudsmann schlägt eine Einigung vor, die je nach Ausgestaltung für eine der Parteien bindend sein kann, während der anderen Seite regelmäßig der Gang zu Gericht offen bleibt.[159]

Das Risiko, dass die Parteien das Kartellverbot umgehen, geht auch bei Ombudsleuten nicht über das eines jeden Aufeinandertreffens von Konkurrenten hinaus. Dass der Ombudsmann selbst eine Lösung vorschlägt, die wegen mangelnder Rechtskenntnis gegen das Kartellverbot verstößt, ist auch hier nicht auszuschließen, aber unwahrscheinlich. Strukturell ist das Verfahren des Ombudsmanns kartellrechtlich nicht riskant.

7. Mediation und vergleichbare Verfahren

a) Kooperative Anwaltsverfahren

Der hier verwendete Begriff des kooperativen Anwaltsverfahrens spiegelt die im englischen Sprachraum verwendeten Begriffe *collaborative law* oder *collaborative practice.*

Dieses Verfahren lässt sich nur durchführen, wenn die Parteien grundsätzlich bereit sind, zu verhandeln und sich zu vergleichen. Die Parteien vereinbaren vorab vertraglich, alle relevanten Fakten offenzulegen. Daneben beinhaltet diese Partizipationsabrede regelmäßig die Pflicht zur Vertraulichkeit und den Verzicht auf gerichtliche Verfahren. Dabei stellen die Parteien häufig durch eine Disqualifikationsklausel sicher, dass die an diesem Verfahren beteiligten Anwälte in einem gegebenenfalls anschließenden Gerichtsverfahren nicht mitwirken können.

Die Parteien können als Teilnehmer an der Verhandlung und als Entscheidungsträger ungeachtet eines eventuellen Vergleichsvorschlags der Anwälte über das Ergebnis bestimmen. Schließen die Parteien das Verfahren erfolgreich mit einem Vergleich ab, dann kann dieser anwaltliche Vergleich (§ 794 Abs. 1 Nr. 4b iVm §§ 796a–796c ZPO) beurkundet und für vollstreckbar erklärt werden.[160]

Die Parteien legen vertraulich alle relevanten Fakten vor. Ferner gibt es im kooperativen Anwaltsverfahren keinen neutralen Dritten. Das birgt ein erheb-

159 *Fritz*/Pielsticker, S. 758 Rn. 43.
160 Zum Ganzen *Fritz*/Pielsticker, S. 746 Rn. 10ff.

liches Risiko für Absprachen oder zumindest koordinierte Verhaltensweisen. Trotzdem entspricht das Risiko einer Kartellverbotsumgehung beim kooperativen Anwaltsverfahren nicht dem eines Treffens ohne Anwälte: Die rechtlich gebildeten Anwälte sollten die Parteien, auch im eigenen Haftungsinteresse,[161] davon abhalten, offensichtlich kartellverbotswidrige Handlungen vorzunehmen.

b) Mediationsverfahren im engeren Sinne

In diesem Abschnitt geht es um die Verfahren einer echten Mediation sowie um ausgewählte ähnliche Verfahren. Deren ausführliche Bewertung hinsichtlich der Gefahr für Kartellverstöße folgt im Anschluss.

aa) Außergerichtliche Mediation

Der allgemeine Sprachgebrauch des Begriffs »Mediation« umfasst jegliche Art der Vermittlung; gleich ob in Form bloßer Moderation oder mit der Befugnis des Dritten, zu entscheiden oder nur Vorschläge oder Empfehlungen zu unterbreiten.[162]

Der deutsche Gesetzgeber des Mediationsgesetzes hat sich für einen engeren Begriff entschieden, angelehnt an die Begriffsdefinition des Art. 3 Mediations-RL[163]: »Mediation ist ein vertrauliches und strukturiertes Verfahren, bei dem Parteien mithilfe eines oder mehrerer Mediatoren freiwillig und eigenverantwortlich eine einvernehmliche Beilegung ihres Konflikts anstreben«, § 1 Abs. 1 MediationsG. Die Vertraulichkeit scheint als erstes Merkmal begriffsbildend zu sein. Das auf Art. 7 Abs. 1 Mediations-RL zurückgehende Gebot der Vertraulichkeit verlangt dagegen nur, dass die Vertraulichkeit gewahrt werden *soll*, wobei Abs. 2 den Mitgliedstaaten erlaubt, strengere Anforderungen an die Vertraulichkeit zu normieren.

§ 1 Abs. 2 MediationsG definiert den Mediator als »eine unabhängige und neutrale Person ohne Entscheidungsbefugnis, die die Parteien durch die Mediation führt«.

Das deutsche Recht sieht die Mediation als eine Form der alternativen Konfliktlösung.[164] Die Vorschriften des Mediationsgesetzes sind aber nur auf Verfahren anwendbar, die unter § 1 Abs. 1, 2 MediationsG subsumiert werden können.

---

161 Zur möglichen Mittäterschaft von Rechtsanwälten bei Kartellverstößen und dem resultierenden Verlust des Anwaltsprivilegs überzeugend *Schwartz* Kartellgehilfen, S. 254ff.

162 *Greger*/Unberath/Steffek, B § 1 Rn. 5.

163 Richtlinie 2008/52/EG vom 31.5.2008 über bestimmte Aspekte der Mediation in Zivil- und Handelssachen, ABl. L 136, 3.

164 S. oben S. 35f.

Parteien empfinden die Begrenztheit der staatlichen Gerichte und Schiedsgerichte, vor allem auf den streitgegenständlichen Stoff, auf die exakt gestellten Anträge ohne Blick auf die wirtschaftlichen und sonstigen Interessen, oft als nachteilig. Die Mediation kann diese Verengung überwinden und Aspekte einbeziehen, die außerhalb des unmittelbaren Streitgegenstands liegen und oft gerade die Auseinandersetzung zwischen den Parteien herbeigeführt haben.[165] Eine Mediation kann vereinbare Interessen kreativ berücksichtigen. Sie wird am ehesten einer die Geschäftsbeziehung schonenden Streitbeilegung gerecht.[166] Die Konfliktparteien sind in der Mediation also von allen Verfahren am freiesten: Das Ergebnis liegt ausschließlich in ihrer Hand. Sie können das Verfahren jederzeit einvernehmlich beenden oder einseitig abbrechen.[167]

bb) WIPO-Mediation

Die World Intellectual Property Organization (WIPO) hält eigene Regeln für ein Mediationsverfahren bereit. Die folgenden Normen beziehen sich auf diese »Regeln für das Mediationsverfahren der WIPO«[168]. Parteien, die sich auf diese Regeln geeinigt haben, machen sie zur Grundlage ihres Verfahrens, Art. 2.

Das Verfahren bestimmen die Parteien selbst, hilfsweise der Mediator, Art. 10. Er wird entweder von den Parteien ausgewählt oder nach dem Auswahlverfahren des Art. 7 ausgesucht. Er hat das Verfahren zu fördern, nimmt dabei allerdings nicht die Rolle eines entscheidenden Dritten ein, Art. 14.

Für diese Untersuchung besonders wichtig sind die Vorschriften zur Vertraulichkeit in Art. 15ff.: Art. 15 ordnet an, dass keine Protokolle über die Sitzungen angefertigt werden. Art. 16 verpflichtet alle Beteiligten zur Verschwiegenheit. Art. 17 bestimmt darüber hinaus, dass jegliche von einer Partei bereitgestellten Unterlagen nach Beendigung des Verfahrens zurückzugeben sind; Kopien oder sonstige Notizen dürfen nicht zurückbehalten werden. Schließlich spezifiziert Art. 18 in vier Absätzen die Daten, die vom Mediator oder den Parteien in ein späteres (schieds-)gerichtliches Verfahren »nicht als Beweismittel oder in irgendeiner anderen Weise« eingeführt werden dürfen; die dort genannten Daten können im Rahmen des Kartellverbots durchaus relevant sein. Eine Ausnahme hiervon bedenken die Regeln nicht.

Lässt man einen etwaigen Reputationsverlust der WIPO außer Betracht, ist das WIPO-Mediationsverfahren strukturell in kartellrechtlicher Hinsicht genauso zu beurteilen wie eine außergerichtliche Mediation ohne WIPO-Regeln.

---

165 *Düwel* MarkenR 2005, 174, 176.

166 *Chrocziel/Samson-Himmelstjerna*, Handbuch Mediation, § 39 Rn. 4.

167 *Unberath* JZ 2010, 975, 977.

168 Einzusehen unter http://www.wipo.int/amc/de/mediation/rules/index.html, zuletzt abgerufen am 29.9.2018.

Allerdings verdeutlichen die Regeln für diese Verfahren den Reiz und das Risiko einer Mediation für Parteien mit Interesse an einer Fühlungnahme.

cc) EUIPO-Mediation

Auf Grundlage von Art. 170 Abs. 1 UMV[169] hat das EUIPO[170] 2016 in Alicante ein Mediationszentrum eingerichtet.[171] Die dort angesiedelte kostenlose[172] Mediation steht Streitparteien im Markenrecht zur Verfügung, nach Abs. 4 etwa bei Streitigkeiten zu Widersprüchen, Nichtigkeitserklärungen oder Beschwerden. In diesem Fall wird gemäß Abs. 5 das entsprechende Verfahren vor dem Amt ausgesetzt und die Fristen werden unterbrochen. Nach Abs. 6 sind die Parteien nach Beantragung eines Mediationsverfahrens aufzufordern, einen Mediator aus der gemäß Abs. 12 zu erstellenden Liste zu benennen. Die Parteien gestalten des Verfahrens selbst und der Mediator beendet es nach Vorgabe der Parteien, Abs. 7, 8. Das Verfahren ist vertraulich; die Akten des Verfahrens sind getrennt von denen der amtlichen Verfahren der Beteiligten aufzubewahren, Abs. 11.

Der Mediator muss unabhängig, kompetent und erfahren sein, Abs. 12 S. 2. Außerdem muss er das Ergebnis gemäß Abs. 9 der zuständigen Stelle des Amtes zuleiten. Gleichwohl lässt sich hier wegen der Macht der Parteien über das Verfahren und der Vertraulichkeit, für die keine Ausnahme vorgesehen ist, eine gewisse, aber wegen der Nähe zum Amt und dessen fachlicher Kompetenz überschaubare Gefahr für rechtswidrige Absprachen erkennen.

dd) Gerichtsinterne Mediation

Die gerichtsinterne Mediation beruht im Zivilprozess auf § 278 Abs. 5 S. 1 ZPO.[173] Die Vorschrift eröffnet dem Richter die Möglichkeit, jegliche Methoden der Konfliktbeilegung, einschließlich der Mediation, anzuwenden. Richter als Mediatoren sind rechtlich ausgebildet und sollten daher auch das Kartellrecht kennen. Sonstige, grundsätzliche Unterschiede zur außergerichtlichen Mediation bestehen allerdings nicht.

169 Verordnung (EU) Nr. 2017/1001 des Rates vom 14.6.2017 über die Unionsmarke (Unionsmarkenverordnung), ABl. L 154, 1 (davor Art. 137a UMV a. F.).

170 European Union Intellectual Property Office (Amt der Europäischen Union für geistiges Eigentum), ehemals HABM.

171 Vgl. https://euipo.europa.eu/ohimportal/de/mediation, zuletzt abgerufen am 29.9.2018.

172 Gegen eine Gebühr iHv 750 € reist ein Mediator des EUIPO in die Brüsseler Räumlichkeiten des Amtes, um das Verfahren dort zu führen.

173 Ähnliche Regelungen enthalten § 36 Abs. 5 FamFG und § 54 Abs. 6 ArbGG, wohingegen § 173 S. 1 VwGO und § 202 S. 1 SGG auf § 278 Abs. 5 ZPO verweisen.

ee) *Gerichtsnahe Mediation*

Mit § 278a ZPO hat die zivilprozessuale gerichtsnahe Mediation 2012 eine eigenständige Vorschrift erhalten.[174] Die gerichtsnahe ist eine außergerichtliche Mediation.[175] § 278a ZPO eröffnet für bereits rechtshängige Verfahren die Möglichkeit, eine außergerichtliche Konfliktbeilegung einzuschieben, wobei nicht nur Mediation in Betracht kommt.[176]

Der Richter ordnet dann das Ruhen des rechtshängigen Verfahrens an, §§ 278a Abs. 2, 251 ZPO. Um das Verfahren fortzusetzen, müssen die Parteien die Fortsetzung beantragen, § 250 ZPO, es sei denn, das Ruhen wurde im Beschluss befristet.[177]

Das Ergebnis der Mediation bestimmt darüber, ob sie den Zivilprozess beendet. Freilich können die Parteien eine übereinstimmende Erledigungserklärung nach § 91a ZPO, die Rücknahme der Klage oder eines Rechtsmittels vereinbaren oder ihre Einigung dem Gericht zur Feststellung als Prozessvergleich gemäß § 278 Abs. 6 ZPO vorlegen. Faktisch beendet wird der Rechtsstreit, wenn die Parteien ihn nicht weiter betreiben und das Gericht das Ruhen des Verfahrens anordnet, § 251a Abs. 3 ZPO.[178]

Wenn sich die Parteien eines rechtshängigen Verfahrens eigenständig zu einer außergerichtlichen Konfliktbeilegung entschließen, gilt § 251 S. 1 ZPO: Sie müssen dann einen entsprechenden Antrag stellen, um das Verfahren zum Ruhen zu bringen.[179]

c) Moderation

Moderation ist ein »Gesprächs-, Diskussions- oder Verhandlungsprozess«, den ein neutraler Dritter leitet.[180] Dieser ist nur zur Organisation und Leitung befugt. Die inhaltliche Ausgestaltung ist ebenso wenig seine Aufgabe wie die Ergebnisfindung.[181] Die Moderation unterscheidet sich damit von der Mediation im engeren Sinne insofern, als sie nur bis zu einer bestimmten Eskalationsstufe

---

174 *Löer*, Klowait/Gläßer, § 278a Rn. 1; eine zunächst geplante Verweisung in § 99 PatG und § 82 MarkenG auf § 278a ZPO mit dem daraus resultierenden Recht des Bundespatentgerichts, den Parteien eine außergerichtliche oder gerichtsinterne Mediation vorzuschlagen, ist nicht Gesetz geworden; vgl. BRDr. 60/11, 11.

175 *Prütting* AnwBl 2012, 204, 207f.

176 BTDr. 17/5335, 11.

177 *Greger*/Unberath/Steffek, E Rn. 71.

178 *Greger*/Unberath/Steffek, E Rn. 48ff., Besonderheiten in Rn. 72ff.

179 *Löer*, Klowait/Gläßer, § 278a ZPO Rn. 13; a. A. *Ulrici*, MüKo-ZPO, § 278a ZPO Rn. 12; *Fritz*/Pielsticker, § 278a ZPO Rn. 65.

180 *Fritz*/Pielsticker, S. 744 Rn. 5.

181 *Ponschab*/*Dendorfer-Ditges*, Handbuch Mediation, § 24 Rn. 43; *Fritz*/Pielsticker, S. 744 Rn. 5.

taugt.[182] Voraussetzung für die Moderation ist, dass die Parteien noch miteinander kommunizieren wollen und nicht erst wieder dazu gebracht werden müssen. Mediation ist der Moderation also in einer fortgeschrittenen Phase des Streits vorzuziehen, in der die Chancen auf eine Einigung zwar schwinden, weil die Parteien kaum noch Kontakt haben, aber eine Einigung mithilfe eines Vermittlers noch erreichbar erscheint.[183]

Mediation und Moderation ähneln einander so stark, dass auch die Risiken der Moderation denen der Mediation entsprechen. Dies zeigt sich insbesondere in den Urteilen zur AC-Treuhand AG, der die Kommission Moderation zwischen Kartellanten vorgeworfen hat.[184]

8. Verfahrenskombinationen mit Mediation

Dieser Abschnitt schildert eine Auswahl beliebter Kombinationen, bei denen ein Teil des Verfahrens als Mediation ausgestaltet ist.

a) Med-Arb, MEDALOA, Max & Med-Adj

Med-Arb ist ein Mediationsverfahren, das bei Eintritt eines bestimmten Ereignisses zur Schiedsgerichtsbarkeit wird. Ein solches Ereignis können Misserfolg, Zeitablauf[185] oder die Entscheidung der Parteien oder des Mediators sein.[186] Dabei kann nicht nur ein erfolgloses Mediationsverfahren in ein Schiedsverfahren übergehen, sondern in der Stockholm-Variante[187] auch ein erfolgreiches.[188]

Med-Arb löst einige grundlegende Probleme der Mediation und der Schiedsgerichtsbarkeit, bewahrt aber zugleich die Vorteile beider Verfahren: Die Parteien bekommen die Chance einer gütlichen, einvernehmlichen Lösung, stehen aber unter gewissem Druck, diese zu erreichen und nicht endlos zu verhandeln. Zugleich haben sie die Gewissheit, dass ein Ende des Verfahrens

182 Vgl. *Fritz*/Pielsticker, S. 744 Rn. 5; *Redlich*/*Otto*, Handbuch Moderation, 309.

183 *Brandes*/*Freimuth*, Handbuch Moderation, 352, 354.

184 Dazu ausführlich unten S. 125.

185 Vgl. *Gullo* Mediation unter Herrschaft des Rechts, S. 60 zum Kündigungsrecht der Parteien bei furchtlosem Zeitablauf.

186 Zur Kombination von Mediation und Schiedsverfahren, wenn die Mediation scheitert, *Dendorfer* FS Hay 2005, S. 99, 110ff., zu Arb-Med 115ff.; zur Kombination generell *Fritz*/Pielsticker, S. 755 Rn. 36; *Greger*/Unberath/Steffek, B § 1 Rn. 49.

187 »Stockholm option« nach *Newmark*/*Hill* Arbitration International 16 (2000), 81, 87.

188 *Engel*, Eidenmüller/Wagner, S. 414f. meint insofern nicht überzeugend, Med-Arb sei häufig mehr als Umgehung der §§ 796a ff. ZPO und weniger als echter Hybrid einzuordnen; vgl. auch *Hutner* IPR Wirtschaftsmediation, S. 172f.

absehbar ist und gegebenenfalls der Schiedsrichter den Streit einer Lösung zuführt.[189]

MEDALOA beschreibt die Kombination von Mediation und Last-offer-Arbitration. Das Verfahren ist eine Mediation, bei der die Parteien am Ende Vergleichsangebote unterbreiten, aus denen der zunächst als Mediator und danach als Schiedsrichter fungierende Dritte den maßgeblichen Vergleich wählt.[190]

Im erweiterten Med-Arb-Verfahren (MAX) entscheidet, anders als bei der Med-Arb, nicht der »Mediationsschiedsrichter« allein, sondern die Parteien bilden einen Spruchkörper, für den sie zwei weitere Schiedsrichter heranziehen.[191]

Möglich ist es ferner, Mediation und Adjudikation zu kombinieren (Med-Adj), wobei die beiden Verfahrensarten nach- oder nebeneinander geschaltet werden können.[192]

b) Erlaubte Personenidentität von Mediator und Schiedsrichter

Zwar ist es möglich, bei Verfahrenskombinationen die jeweiligen Verfahrensteile durch unterschiedliche Personen leiten zu lassen; oft ist die Idee jedoch, den Dritten beizubehalten.[193] Das spart Zeit und Kosten einer erneuten Einarbeitung eines Vierten. Deshalb ist zu klären, ob die Streitparteien für Streitbeilegungsmethoden, die eine Mediation beinhalten, dieselbe Person auch zur Streitschlichtung einsetzen dürfen.

Dem könnte § 3 Abs. 2 S. 2 MediationsG entgegenstehen. Danach ist dem Mediator untersagt, »während oder nach der Mediation für eine Partei in derselben Sache tätig« zu werden. Ob hiervon auch der Fall erfasst ist, dass der Mediator unmittelbar im Anschluss an das Mediationsverfahren als Schiedsrichter fungiert, mithin für beide und nicht für eine Partei tätig wird, ist durch Auslegung zu ermitteln.

Der Wortlaut ist zunächst eindeutig und verbietet nur, für »eine Partei« tätig zu werden. Allerdings könnte aus dem Telos der Norm folgen, dass der Mediator auch dann nicht für eine der Parteien tätig werden darf, wenn er gleichzeitig für die andere tätig wird.

Die Gesetzesmaterialien nehmen zu dieser Frage nicht ausdrücklich Stellung, vermitteln aber eher, dass nur ein Verbot, für eine Partei tätig zu werden, gewollt ist:[194] Gesichert werden soll primär die Vertraulichkeit,[195] nach Ansicht des

189 Ausführlich *Risse* Wirtschaftsmediation, § 15 Rn. 7ff.
190 *Dendorfer/Lack* SchiedsVZ 2007, 195, 196f.; *Risse* Wirtschaftsmediation, § 15 Rn. 24ff.
191 *Fritz*/Pielsticker, S. 756 Rn. 38f.
192 *Fritz*/Pielsticker, S. 757 Rn. 41.
193 Vgl. etwa Art. 14 (b) (iii) WIPO-Mediationsregeln (s. oben Fn. 141).
194 BTDr. 17/5335, 16; dazu auch *Wentzel* Internationale Mediation, S. 74ff.

Gesetzgebers aber auch, dass der Mediator das Gebot der Neutralität und Unabhängigkeit wahrt.[196] Dass nur ein Verbot, für eine Partei tätig zu werden, gewollt ist, zeigen die Materialien nicht zuletzt dadurch, dass § 3 Abs. 2 MediationsG dieses Ziel durch den Ausschluss der »*Parteivertretung* und Mediation in einer Person [...] unabhängig von der Zustimmung der Parteien« verfolgen soll.[197]

Diese Auslegung wird durch die Praxis untermauert, die weltweit Med-Arb-Modelle anwendet und dies auch schon vor Inkrafttreten des MediationsG getan hat.[198] Entsprechend finden sich spezialisierte Med-Arb-Schiedsrichter, die dieses Verfahren praktizieren.[199]

Der Gesetzgeber wusste also, dass solche Modelle existieren und hat sie nicht verbieten wollen. Vielmehr wollte er Schiedsgerichtsbarkeit und Mediation fördern, gerade auch im internationalen Vergleich. Da Med-Arb international deutlich häufiger Anwendung findet als in Deutschland, wollte sich der deutsche Gesetzgeber dem offenbar nicht widersetzen.

Anders als der deutsche Gesetzgeber hat sich die EG-Kommission in ihrem Grünbuch über alternative Verfahren zur Streitbeilegung in Zivil- und Handelssachen vom 19.4.2002 dazu geäußert: Sie empfiehlt zwar, den Mediator nicht als Schiedsrichter heranzuziehen. Gleichwohl sollen die Parteien die Möglichkeit haben, dem zuzustimmen und so Med-Arb zu nutzen.[200]

Auch bei Schiedssprüchen mit vereinbartem Wortlaut bleibt es dem Schiedsrichter unbenommen, mediativ auf die Parteien einzuwirken. Je nach Ausgestaltung sind die Unterschiede zu Med-Arb nur marginal und fließend.[201]

Vor dem Hintergrund, dass die Parteien im Privatrecht Herr des Verfahrens sind, erscheint eine Einschränkung über den Wortlaut des § 3 Abs. 2 S. 2 MediationsG hinaus auch nicht angemessen. Zwar soll die Norm sicherstellen, dass die Parteien sich dem Mediator gegenüber vertrauensvoll öffnen und dieser keine Informationen zu ihrem Nachteil verwenden kann. Sicher kann es für die Partei riskant sein, sich dem Mediator anzuvertrauen, in dem Wissen, dass

---

195 *Schack* IZVR, Rn. 1262.

196 BTDr. 17/5335, 16.

197 BTDr. 17/5335, 16.

198 Hierzu ausführlich *Newmark/Hill* Arbitration International (16) 2000, 81; *Engel*, Eidenmüller/Wagner, Mediationsrecht, S. 414f.; *G. Mähler/H.-G. Mähler*, Heussen/Hamm, § 48 Rn. 9; *Schmidt* Verwertungsverbot, S. 15, 91ff.; *Roquette*/Otto, Vertragsbuch Privates Baurecht, D I. 4. Rn. 6.

199 So etwa VizePräs OLG a.D. *Hans Helmut Bischof*, vgl. http://schiedsgericht-mediation.de/medarb/, http://schiedsgericht-mediation.de/schiedsgericht/meine-praxis/, beide zuletzt abgerufen am 29.9.2018.

200 KOM(2002) 196 endg., S. 32f. Rn. 82; vgl. dazu auch *Wentzel* Internationale Mediation, S. 76.

201 Ähnlich *Hutner* IPR Wirtschaftsmediation, S. 172f.

dieser etwa nach Zeitablauf den Rechtsstreit entscheidet.[202] Gleichwohl darf man über den eindeutigen Wortlaut hinaus nicht weiter in die Privatautonomie der Medianten eingreifen. Die Zielsetzung, die Vertraulichkeit zu wahren, kann den Eingriff in Art. 12 Abs. 1 GG als Berufsausübungsverbot nicht rechtfertigen.[203]

Festzuhalten bleibt, dass § 3 Abs. 2 S. 2 MediationsG den Parteien nicht absolut verbietet, dieselbe Person als Mediator und später als Schiedsrichter einzusetzen. Die Parteien müssen den Mediator für Med-Arb und vergleichbare Verfahren also nicht austauschen. Vielmehr begrenzt die Norm nur die Möglichkeit des Mediators, für *eine* der Parteien tätig zu werden.[204] Für beide Parteien erneut oder weiter tätig zu sein, ist dem Mediator nicht gesetzlich untersagt. Richtig ist, dass ein Schlichter oder Mediator nicht gegen den Willen der Parteien entscheiden kann;[205] die Lage ändert sich aber, wenn die Parteien damit einverstanden sind. Deshalb ist es zweckmäßig und angemessen, entsprechende Verfahrenskombinationen als einen Umstand iSv § 3 Abs. 2 S. 1 MediationsG zu verstehen, dem die Parteien ausdrücklich zustimmen müssen.

IV. Konzentration auf Mediation und Schiedsgerichtsbarkeit

Dieser Abschnitt erläutert, weshalb die vorliegende Untersuchung der Mediation und Schiedsgerichtsbarkeit besondere Aufmerksamkeit widmet.

1. Gründe für die Konzentration auf Mediation

Zunächst werden diejenigen Gründe herausgearbeitet, welche die besondere Gefahr der Mediation ausmachen und ihre spezifische Untersuchung rechtfertigen.

---

202 Vgl. *Schmidt* Verwertungsverbot, S. 93ff.

203 *Greger*/Unberath/Steffek, B § 3 Rn. 48ff., 60ff.; insbesondere auch zum verfassungsrechtlichen Argument *Greger*, Handbuch Mediation, § 27 Rn. 39. Fritz/*Pielsticker*, § 3 Rn. 51ff., 69 behandelt die Frage nicht ausdrücklich, den Formulierungen lässt sich aber entnehmen, dass er nicht von einem über den Wortlaut hinausgehenden Verbot ausgeht.

204 *Goltermann*, Klowait/Gläßer, Teil 2 § 3 Rn. 22ff., 28; a. A. *Schack* IZVR, Rn. 1262.

205 *Schack* IZVR, Rn. 1262.

a) Harvard-Konzept

Die Grundlage der heutigen Verhandlungsmethode bei Mediationsverfahren bildet die von Wissenschaftlern der Harvard Law School[206] entwickelte Strategie des kooperativen Verhandelns, das sogenannte Harvard-Konzept. Die Mediation übernimmt davon, dass die Verhandlung von den Interessen und nicht von einzelnen Forderungen der Parteien ausgeht und Verständnis für die andere Seite aufgebracht werden soll.[207]

Diese Verhandlungsmethode kann in vielen Bereichen gute und beide Seiten zufriedenstellende Ergebnisse erzielen. Doch ist nicht von der Hand zu weisen, dass sie in Verhandlungen mit wirtschaftlichen Konkurrenten Lösungen hervorbringen kann, die zwar beide Seiten zufriedenstellen, allerdings mit Blick auf den freien Wettbewerb und das Kartellverbot schädlich sein können.

b) Spieltheorie und tit for tat

Die Spieltheorie beschreibt Situationen, in denen ein Entscheider nicht unabhängig, sondern unter dem Einfluss von Aktionen Dritter entscheidet. Der Begriff entspringt Spielen mit klassischen interdependenten Entscheidungsszenarien wie Mühle oder Schach.

Interessant ist hier insbesondere die Spielstrategie *tit for tat*. Grundlage der Untersuchungen *Axelrods* hierzu ist das Gefangenendilemma. Dabei stehen sich zwei Spieler gegenüber. Beide müssen jeweils entscheiden, ob sie kooperieren oder nicht, allerdings ohne zu wissen, wie sich der andere entscheiden wird.[208] In groß angelegten Versuchsreihen stellte sich *tit for tat* als die erfolgreichste Strategie heraus, wenn mehrere Runden gespielt werden.[209] *Tit for tat* folgt zwei Regeln: Man beginnt im ersten Schritt immer kooperativ, und danach verhält man sich jedes Mal so, wie sich das Gegenüber zuvor verhalten hat.[210]

Die *tit for tat*-Strategie funktioniert am besten, wenn einander zwei Marktteilnehmer gegenüberstehen. Denn als solche wissen beide genau, wie der andere Teilnehmer agiert oder reagiert.[211] Gleichzeitig steigert ein transparenterer Markt die Chancen, dass *tit for tat* zum Erfolg führt und die richtige Strategie ist.[212] In diesem Zusammenhang hat *Zimmer*[213] mit Recht festgestellt, dass oligopolistische Märkte kooperatives Verhalten fördern.

---

206 *Fisher/Ury/Patton* Das Harvard-Konzept: die unschlagbare Methode für beste Verhandlungsergebnisse, 25. Aufl. 2015.

207 Dazu *Graf von Westphalen* MDR 1993, 946ff.

208 Vgl. dazu ausführlich *Axelrod* Cooperation, S. 9ff.

209 *Axelrod* Cooperation, S. 17f., 27ff.

210 *Axelrod* Cooperation, S. 28f.

211 *Zimmer* ZHR 154 (1990), 470, 479f.

212 *Zimmer* ZHR 154 (1990), 470, 480.

Genau diese Situation ist die Regel in Mediationsverfahren: Zwei Teilnehmer, die Aktionen und Reaktionen des Gegenübers sofort und transparent erkennen können. Kooperatives Verhalten liegt damit nahe und fällt den Medianten nicht nur aus natürlichen, sondern auch aus rationalen Gründen leicht. *Axelrods* Experimente haben dies gezeigt.

Allerdings führen die Experimente *Axelrods* nach *Zimmer*[214] auch dann dazu, dass die Teilnehmer kooperierten, wenn sie sich nicht abstimmten. Wenn also die Verhaltensweisen nicht nur parallel, sondern sogar kooperativ verlaufen, kann dies entweder auf bewusstem Parallelverhalten basieren oder auf dem bloßen Willen, kooperativ zu handeln. Letzteres Verhalten ließe sich nicht unter eine von Art. 101 Abs. 1 AEUV verbotene Maßnahme subsumieren, denn es basiert auf eigenständigen Entscheidungen der Unternehmen und wahrt so das Selbstständigkeitspostulat. Wenngleich *Zimmers* Ansicht nicht durchweg geteilt wird,[215] kann zusammengefasst festgehalten werden, dass Oligopolisten dazu neigen, sich aus egoistischen Motiven altruistisch und parallel zu verhalten.[216]

c) Loslösung vom Recht

Die Mediation löst sich von rechtlichen Kriterien.[217] Die Parteien sollen einzelne Forderungen zurückstellen. Der Mediator achtet darauf, dass die Parteien ihre im Hintergrund verborgenen Interessen aufdecken und diskutieren.[218] Die Parteien können außerdem mehrere Konflikte in einem Zug lösen: Die Mediation erlaubt, Aspekte zu verhandeln, die zwar nicht Teil des ursprünglichen Konflikts waren, deren Lösung aber nötig ist, um den gesamten Konflikt aus der Welt zu schaffen.[219] Der »Streitgegenstand« einer Mediation ist untechnisch: Die Parteien loten das gesamte Wertschöpfungspotenzial ihres Konflikts und ihrer Beziehung aus.[220]

Idealerweise findet die Mediation im »Schatten des Rechts«[221] statt. Sie soll grundsätzlich vom Recht gelöst sein, soweit dies für eine offene Verhandlung nötig ist; gleichzeitig dürfen und müssen die Beteiligten bestimmte rechtliche

213 *Zimmer* ZHR 154 (1990), 470, 481.
214 *Zimmer* ZHR 154 (1990), 470, 481f.
215 *Möschel* Oligopolmißbrauch, S. 26ff., 29f. macht anhand ausgewählter Fälle des US-amerikanischen Rechts eher kollusives Verhalten als »Anspassungszwänge des Oligopols« für Preisparallelität verantwortlich.
216 *Zimmer* ZHR 154 (1990), 470, 483.
217 *Tochtermann* JuS 2005, 131, 132.
218 *Engel/Hornuf* ZZP 124 (2011), 505, 514; *Bercher/Engel* JZ 2010, 226, 227f.
219 *Schöpflin* JA 2000, 157, 158.
220 *Engel/Hornuf* ZZP 124 (2011), 505, 514.
221 *Mnookin/Kornhäuser* 88 Yale Law Journal 1979, 950ff.

Aspekte in der Verhandlung beachten. Doch ist zweifelhaft, ob Medianten dieses Ideal einer Gratwanderung durchgängig einhalten wollen und können.[222]

d) Entscheidungsbefugnis der Parteien

Der Mediator greift grundsätzlich nur so weit in die Verhandlung ein wie zur Vermittlung und Leitung nötig. Er fällt keine eigenen, auch keine unverbindlichen[223] Entscheidungen, § 1 Abs. 2 MediationsG.[224] Der Mediation ist immanent, dass sie den Parteien keine Entscheidung durch einen Dritten vorgibt.[225] Die Parteien legen zwar die genaue Rolle des Dritten im Einzelfall fest,[226] entscheiden jedoch vollständig selbst.

e) Wettbewerb unter Mediatoren

Zwischen Mediatoren herrscht Wettbewerb.[227] Sie können sich insbesondere auszeichnen durch Fachwissen, geringe Kosten und eine gute Verhandlungstechnik. Kartellwillige Parteien werden allerdings besonders darauf achten, ob der Mediator vertrauenswürdig ist und die Gespräche vertraulich behandelt. Die Verfahren um die AC-Treuhand AG[228] zeigen, dass ein Markt existiert für Plattformen, die Kartellverbotsverstöße ermöglichen, organisieren und generell unterstützen.

f) Vertraulichkeit und Zeugnisverweigerungsrechte

§ 4 MediationsG regelt in Umsetzung von Art. 7 Mediations-RL das Zeugnisverweigerungsrecht des Mediators und anderen Verfahrensbeteiligten. Das Mediationsverfahren ist von Gesetzes wegen vertraulich, § 1 Abs. 1 MediationsG. Zur Vertraulichkeit verpflichtet sind nach § 4 S. 1 der »Mediator und die in die Durchführung des Mediationsverfahrens eingebundenen Personen«. Diese Verschwiegenheitspflicht umfasst grundsätzlich jegliche Informationen, mit denen die einbezogenen Personen im Zusammenhang mit einem Mediationsverfahren in Kontakt gekommen sind, § 4 S. 2 MediationsG. Die Ver-

222 Dieses Risiko erkennt auch *Teufer* Alternative Beilegung, S. 180.
223 *Greger*/Unberath/Steffek, B § 1 Rn. 50.
224 *Bercher/Engel*, JZ 2010, 226, 227; *Greger*/Unberath/Steffek, B § 1 Rn. 48.
225 BTDr. 17/5335, 10; *Eidenmüller/Prause* NJW 2008, 2737, 2738f.; *Sujecki* EuZW 2010, 7, 8; *Tochtermann* JuS 2005, 131, 132.
226 *Tochtermann* JuS 2005, 131, 132.
227 *Engel/Hornuf* ZZP 124 (2011), 505, 511.
228 EUG Rs. T-99/2004 = EuR 2010, 230–241 – *AC Treuhand I*; EUGH Rs. C-194/14 P, EU:C:2015:717 = GRUR Int. 2016, 73 – *AC Treuhand II*; dazu ausführlich unten S. 124f.

schwiegenheitspflicht gilt gegenüber allen Personen, die nicht am Verfahren teilgenommen haben, also grundsätzlich auch für gegebenenfalls später angerufene Gerichte.[229]

§ 4 S. 3 Nr. 1–3 MediationsG befreien den Mediator zwar im Einzelfall von der Verschwiegenheitspflicht; eine Aussagepflicht erlegt ihm die Norm aber nicht auf.[230] Die Zeugnispflicht des Mediators kann sich nur aus §§ 385 Abs. 2, 383 Abs. 1 Nr. 6 ZPO ergeben.

Dass die Vertraulichkeit der Mediation hilfreich und notwendig für die Parteien ist, um eine rechtmäßige Lösung zu finden, soll nicht in Abrede gestellt werden. Doch ist es hinsichtlich des Kartellverbots kritisch zu betrachten, wenn Autoren vorschlagen, keine Protokolle anzufertigen oder diese sofort nach dem Abschluss des Verfahrens zu vernichten.[231]

Für vergleichbare Fälle in der Schiedsgerichtsbarkeit ist *Teufer* anderer Ansicht:[232] Er schätzt die Gefahr von Verstößen bei Schiedsgerichten als nicht größer und deren Aufdeckung aus Sicht der Kartellämter als nicht schwieriger ein als bei sonstigen außergerichtlichen Verstößen. Doch sieht auch *Teufer*, dass die Vertraulichkeit bewusste Verstöße erleichtert, und räumt ein, dass die Mediation von Streitigkeiten zwischen Wettbewerben Gefahren für die Allgemeininteressen birgt.[233]

g) Verzicht auf unmittelbare staatliche Kontrolle

Die Mediations-RL wie das Gesetz zur Förderung der Mediation und anderer Verfahren der außergerichtlichen Konfliktbeilegung zielen auf die Förderung der Mediation ab.[234] Auch wenn die Bezeichnung des Gesetzes andere Verfahren einschließt, regelt es in der Sache nur die Mediation. Zwar soll das Gesetz auch die staatlichen Gerichte entlasten. Doch entzieht es dem Staat die unmittelbare Kontrolle der Marktteilnehmer.

h) Mangelnde rechtliche Ausbildung des Mediators

Der deutsche Gesetzgeber hat die Notwendigkeit einer Ausbildung des Mediators in den §§ 5, 6 MediationsG normiert. Dazu gehören grundsätzlich auch rechtliche Kenntnisse, § 5 Abs. 1 S. 2 Nr. 4 MediationsG. Über das erforderliche

229 *Hartmann*, Handbuch Mediation, § 28 Rn. 19; zu den Ausnahmen s. unten S. 92f.

230 *Hartmann*, Handbuch Mediation, § 28 Rn. 19.

231 *Kracht*, Handbuch Mediation, § 13 Rn. 125. Dies gilt umso mehr vor dem Hintergrund der Fälle *AC-Treuhand II* und *ICAP*, dazu unten S. 124f.

232 Alternative Beilegung, S. 118.

233 *Teufer* Alternative Beilegung, S. 177.

234 BRDr. 17/5335, 12, 28; vgl. auch *Leutheusser-Schnarrenberger* ZKM 2012, 72ff.

Ausmaß oder die Rechtsgebiete verrät die Norm indes nichts. Die nähere Ausgestaltung der Ausbildung zum Mediator überlässt § 6 MediationsG dem Bundesministerium für Justiz (BMJ) in Form einer Verordnungsermächtigung. Diese ZMediatAusbV[235] trat am 1.9.2017 in Kraft.

§§ 2–4 ZMediatAusbV regeln die Grundqualifikation sowie die Aus- und Fortbildung, die für die Bezeichnung »zertifizierter Mediator« nötig ist. § 3 verweist für die Ausbildungsvoraussetzungen auf die Anlage der Verordnung. Die Kategorie, die Kenntnisse zum Kartellrecht vorschreiben müsste, ist »Recht in der Mediation«, Nr. 7 auf S. 9. Auch wenn sich die Gefahren der Mediation nicht auf die Abschlussvereinbarung beschränken, führt Nr. 7 lit. g mit der rechtlichen Bedeutung der Abschlussvereinbarung doch einen wichtigen Punkt in die Ausbildung eines Mediators ein. Ob zwölf Stunden für die Ausbildung eines Mediators im Bereich »Recht in der Mediation« einschließlich des Kartellrechts genügen, ist indessen fraglich.

i) Zusammenfassung

In einem Rechtsstaat ist die einvernehmliche Lösung eines privaten Rechtsstreits einer richterlichen Streitentscheidung vorzuziehen. Denn für die Streitparteien entfällt gegebenenfalls die Inanspruchnahme der staatlichen Gerichte, was in aller Regel Kosten und Zeit spart. Ferner empfinden Streitparteien eine einvernehmliche Lösung, die von der Rechtsordnung nicht vorgesehen gewesen wäre, nicht selten als gerechter. Nicht nur deshalb erledigen konsensuale Lösungen den Streit oft nachhaltiger.[236] Bei allen Streitbeilegungsmethoden muss der Dritte die Parteien dazu anhalten, »to resolve disputes by reconciling their interests wherever it is possible«[237].

Das allgemeine Risiko kartellverbotswidriger Absprachen existiert bei jedem Treffen konkurrierender Unternehmen, unabhängig von dem Ort oder der Gelegenheit. Damit wohnt allen Formen der außergerichtlichen Konfliktbeilegung, bei denen die Parteien über das Ergebnis verfügen, ein Risiko für den Wettbewerb inne.

Die Gefahr, dass die Parteien das Kartellverbot umgehen, steigt mit dem Grad der Vertraulichkeit, der rechtlichen Ungebildetheit des oder der am Verfahren beteiligten Dritten und mit dem Einfluss der Parteien auf das Ergebnis. Die Mediation verbindet diese Faktoren in höchstem Maße. Sie bietet den Parteien die Grundlage für eine offene, an Interessen und nicht am Recht orientierte

235 Verordnung über die Aus- und Fortbildung von zertifizierten Mediatoren vom 21.8.2016 (Zertifizierte-Mediatoren-Ausbildungsverordnung), BGBl. I 1994.
236 BVerfG B. vom 14.2.2007 – Az. 1 BvR 1351/01, Rn. 35 = NJW-RR 2007, 1073.
237 *Ury/Brett/Goldberg* Getting Disputes Resolved, S. 169.

Kommunikation.[238] Schließlich scheint die Mediation durch ihre gesetzliche Normierung solche Kommunikation zu legitimieren. Deshalb ist es wichtig, die Mediation und ihre möglichen Auswirkungen auf das Kartellverbot genauer zu untersuchen.

2. Gründe für die Schiedsgerichtsbarkeit als Referenz

Für diese Untersuchung ist es hilfreich, Gemeinsamkeiten und Unterschiede von Mediation und Schiedsgerichtsbarkeit zu beleuchten. Es geht darum, ob die Gemeinsamkeiten von Mediation und Schiedsgerichtsbarkeit es zulassen oder sogar gebieten, manche Lösungen des Schiedsrechts für das Mediationsrecht fruchtbar zu machen.

a) Grundlegende Gegenüberstellung von Mediation und Schiedsgerichtsbarkeit

Mediation wie Schiedsgerichtsbarkeit sind Methoden alternativer Streitbeilegung. Beide setzen auf Vertraulichkeit. Die Streitparteien haben großen Spielraum bei der Wahl des Mediators oder Schiedsrichters wie bei der Ausgestaltung des Verfahrens; es herrscht Privatautonomie.

Die Mediation setzt noch stärker auf Privatautonomie als die Schiedsgerichtsbarkeit. Denn die Parteien haben nicht nur faktisch die Macht über den Ablauf, sondern die Aufgabe des Mediators besteht gerade darin, die Parteien zu einer eigenständigen Lösung anzuhalten. Hingegen entscheidet im Schiedsverfahren grundsätzlich der Schiedsrichter den Streit; die Entscheidungshoheit liegt bei ihm, auch wenn sie sich aus dem übereinstimmenden Willen der Streitparteien ableitet.[239] Deshalb können die Parteien das schiedsgerichtliche Verfahren jederzeit abbrechen oder sich auf einen Schiedsspruch mit vereinbartem Wortlaut verständigen.[240]

238 Der Fall *AC-Treuhand* zeigt das erörterte Risiko der Mediation, wenngleich das dort praktizierte Verfahren nicht Mediation genannt wurde, s. unten S. 124; vgl. auch *Teufer* Alternative Beilegung, S. 177.

239 *Geimer*, Zöller-ZPO, vor § 1025 ZPO Rn. 3.

240 Es sei das Privileg eines Schiedsrichters zu versuchen, einen Vergleich zu erreichen, *Raeschke-Kessler* FS Glossner 1994, S. 255ff.; vgl. zum Ganzen *Schmidt* Verwertungsverbot, S. 16ff.

b) Vollstreckbarkeit

Schiedssprüche sind leichter zu vollstrecken als Mediationsergebnisse, also regelmäßig schlichte materiell-rechtliche Vergleiche iSv § 779 BGB. Ein eigenes Verfahren für die Vollsteckbarerklärung von Mediationsergebnissen ist nicht vorgesehen.[241]

Schiedssprüche hingegen sind Urteilen staatlicher Gerichte gleichgestellt, § 1055 ZPO. Die Vollstreckbarerklärung erfolgt nach § 1060 ZPO in der Regel problemlos, soweit dem nicht Gründe des § 1059 Abs. 2 ZPO entgegenstehen. Das gilt auch auf internationaler Ebene kraft des New Yorker UN-Übereinkommens von 1958 (UNÜ).[242] Schiedssprüche sind danach erheblich leichter vollstreckbar als Urteile staatlicher Gerichte.[243]

Mediationsergebnisse müssen ebenso für vollstreckbar erklärt werden können, das gibt schon Art. 6 Abs. 1 Mediations-RL vor. Dazu stehen den Medianten unterschiedliche Methoden offen.[244] Eine der effektivsten Möglichkeiten hierfür ist, das Mediationsergebnis formell als Schiedsspruch mit vereinbartem Wortlaut zu besiegeln. Insofern liegt es nahe, die Mediation als Schiedsgericht zu tarnen oder eine der Verfahrenskombinationen zu wählen, die es erlaubt, einen Schiedsspruch mit vereinbartem Wortlaut als Ergebnis der Mediation zu erlangen.

c) Effektive Überprüfbarkeit des Ergebnisses

Staatlich überprüfen lässt sich das Ergebnis bei beiden Verfahren nur eingeschränkt: Die Vertraulichkeit erlaubt in der Regel keine Kontrolle während oder nach Abschluss des Verfahrens. Vergleichen sich die Parteien oder entscheidet der Schiedsrichter und halten sich die Parteien an den geschlossenen Vergleich oder den Schiedsspruch, so ist es kaum mehr möglich, die Ergebnisse auf Kartellverstöße zu prüfen.[245]

Eine generelle inhaltliche Kontrolle von Schiedssprüchen und Mediationsergebnissen ist nicht gewollt.[246] Deshalb bleibt es bei der begrenzten nachträg-

---

241 S. unten S. 94f.

242 Übereinkommen vom 10.6.1958 über die Anerkennung und Vollstreckung ausländischer Schiedssprüche, BGBl. 1961 II 121.

243 *Schack* IZVR, Rn. 1296ff. ausführlich Rn. 1437ff.

244 Dazu ausführlich unten S. 95ff.

245 So erkannte *Raiser* BB 1977, 1461, 1466, dass »Gerichte auch bei noch so großer Diskrepanz zwischen ›privatem‹ und ›offiziellem‹ Recht gar keine Gelegenheit einzugreifen« haben, wenn sich die Parteien an Kompromisse in Vergleichen halten.

246 Keine Révision au fond, vgl. zur Schiedsgerichtsbarkeit *Schack* IZVR, Rn. 1460. Zu einer Révision au fond bei Mediationsergebnissen s. unten S. 110ff.

lichen staatlichen Kontrolle im Verfahren zur Aufhebung oder Vollstreckbarerklärung eines Schiedsspruchs gemäß §§ 1059 ff. ZPO.[247]

d) Verfahrenskombinationen und Schiedsspruch mit vereinbartem Wortlaut – Brücke zwischen Mediation und Schiedsgerichtsbarkeit

Im Grundsatz sind die Parteien frei, das Verfahren der Streitbeilegung zu wählen und sich über das Verfahrensrecht und auch die Lösung des Streits zu verständigen.[248] Die Parteien sind nicht gehindert, Mediation und Schiedsverfahren zu kombinieren.[249] Soweit sie es wünschen, ist eine Mischform der außergerichtlichen Streitbeilegungsmethoden jederzeit möglich. Eine Zuordnung zu einem der geschilderten Verfahren ist so nicht immer eindeutig möglich.[250] Ob nun Mediation, Schiedsgerichtsbarkeit mit Beendigung durch einen Schiedsspruch mit vereinbartem Wortlaut, Med-Arb oder Arb-Med stattgefunden hat, wissen letztlich nur die Parteien und der beteiligte Dritte.[251]

Dies bestätigt die folgende Überlegung: Ein von den Parteien ernannter Schiedsrichter kann jederzeit eigenständig oder auf Verlangen der Parteien mediativ auf das Verfahren einwirken, etwa entsprechend einem Güterichter im Sinne des § 278 ZPO. Die Parteien können ihr Verfahren als schiedsgerichtliches aufziehen bzw. tarnen, um es dann nach § 1053 ZPO durch einen Schiedsspruch mit vereinbartem Wortlaut zu beenden.[252] Auch die nähere Ausgestaltung des Schiedsverfahrens obliegt nach § 1042 Abs. 3 ZPO den Parteien, solange sie prozessuale Mindeststandards einhalten.[253] Mediation und Schiedsgerichtsbarkeit liegen deshalb sehr nahe beieinander.

3. Zwischenergebnis

Die oben aufgeführten Gründe verdeutlichen die Notwendigkeit, insbesondere die Mediation im Hinblick auf das Kartellverbot eingehend zu überprüfen.

Die Gemeinsamkeiten von Schieds- und Mediationsrecht, die Möglichkeiten, diese Verfahren zu kombinieren, die Möglichkeiten zur Zweckentfremdung der

247 Zu den Möglichkeiten s. unten S. 98 ff.
248 *Teufer* Alternative Beilegung, S. 133; *Breidenbach* Mediation, S. 65.
249 Vgl. dazu oben S. 53 ff.
250 So auch *Schmidt* Verwertungsverbot, S. 14.
251 Vgl. *Dendorfer/Lack* SchiedsVZ 2007, 195.
252 *Eidenmüller* RIW 2002, 1, 6; *Dendorfer* FS Hay 2005, S. 99, 116; *Dendorfer/Lack* SchiedsVZ 2007, 195, 203 f.; *Schmidt* Verwertungsverbot, S. 15; *Höttler* Das fingierte Schiedsverfahren, S. 60.
253 Hierzu *Münch*, MüKO-ZPO, § 1042 ZPO Rn. 6 ff; *Schack* IZVR, Rn. 1379.

Schiedsgerichtsbarkeit[254] und die rechtlich tiefer durchdrungene Materie des Schiedsrechts verlangen, dass diese Untersuchung die Schiedsgerichtsbarkeit als Vergleich heranzieht.

Dies verdeutlicht der folgende Fall des Missbrauchs eines Schiedsspruchs[255]: Die Möglichkeit, eine notarielle Beurkundung gemäß § 1053 Abs. 3 ZPO zu ersetzen sollte zweckwidrig genutzt werden, um eine GmbH zu gründen (vgl. § 2 Abs. 1 GmbHG). Eine Rechtsanwältin erließ einen Schiedsspruch, der die Einigung der Beteiligten darüber feststellte, dass die Satzung der GmbH den in einer Anlage beigefügten Wortlaut hat. Dafür beanspruchte sie eine Gebühr in Höhe von 10 €. Das Beispiel zeigt, dass die Schiedsgerichtsbarkeit mächtige Instrumente zur Verfügung stellt, die Medianten für ihre Zwecke nutzen oder missbrauchen können.

254 Zur alten Praktik eines Scheinprozesses »in iure cessio« *Grziwotz* MDR 2001, 305, 306.
255 OLG München, Beschl. vom 26.7.2005–31 Wx 50/05, GmbHR 2005, 1568, 1570, dazu *Schroeter* SchiedsVZ 2006, 298.

E. Denkbare Kartellverstöße bei Mediation im Immaterialgüterrecht

Das Immaterialgüterrecht eignet sich besonders gut, um die vorliegend diskutierten Probleme zu veranschaulichen. Kartellverbotsverstöße sind im Immaterialgüterrecht nicht selten; auch nicht kartellgeneigte Streitparteien überschreiten bisweilen unabsichtlich die Grenze der Wettbewerbsbeschränkung.

Deshalb gibt der folgende Abschnitt zunächst einen Überblick über mögliche Verstöße gegen das Kartellverbot bei Mediation im Immaterialgüterrecht. Dabei versucht diese Arbeit nicht, allgemeingültige Maßstäbe oder Voraussetzungen festzulegen, wann Parteien im Zuge der Mediation im Immaterialgüterrecht gegen das Kartellverbot verstoßen. Gleichwohl ist es nötig und hilfreich, einige Grundlagen und Besonderheiten bei der Beurteilung von Absprachen im Immaterialgüterrecht zu beleuchten. Das zeigt die Reichweite des Problems und schafft eine Basis für mögliche Lösungen. In einem weiteren Schritt könnten dadurch auch die Mediatoren im Rahmen ihrer Ausbildung für die hier geschilderten Risiken sensibilisiert werden.

Die folgende Auflistung ist keine abschließende Sammlung begangener Verstöße. Sie ist zwar überwiegend durch tatsächliche Verstöße inspiriert, führt aber auch bislang rein hypothetische Verstöße an.

I. Abgrenzungsvereinbarungen

Eine Fallgruppe für Kartellverstöße in Mediationsverfahren könnten Abgrenzungsvereinbarungen sein. Sie sind insbesondere im Markenrecht höchst praxisrelevant. Schutzrechtsinhaber vereinbaren vertraglich, in welchem Verhältnis ihre jeweiligen Schutzrechte in Zukunft zueinander stehen sollen, wie sich die Schutzrechtsinhaber bei zukünftigen Verletzungen zueinander verhalten dürfen und vor allem, welchen Umfang meist das prioritätsjüngere Schutzrecht inter partes haben soll.

Eine Markenabgrenzungsvereinbarung kommt als Lösung in Betracht, wenn eine neu angemeldete oder sonst jüngere Marke vom Inhaber einer älteren

Marke angegriffen wird. Eine kostenintensive Auseinandersetzung lohnt sich aber nicht oder ist nicht gewollt, etwa weil die Zeichenverletzung nicht eindeutig ist oder die Branchen der Schutzrechtsinhaber nicht eng genug beieinander sind. Dann bietet es sich an, den Streit durch eine Abgrenzungsvereinbarung zu beenden.

In der Regel ist ihr Kern, dass der Inhaber der prioritätsjüngeren Marke sich verpflichtet, die Marke nur eingeschränkt zu nutzen und etwa das Waren- und Dienstleistungsverzeichnis im Markenregister zu begrenzen. Im Gegenzug verpflichtet sich der Inhaber der älteren Marke, diese Art der Nutzung zu dulden.[256] Gängig ist die Verpflichtung des mutmaßlichen Markenverletzers, zukünftige Markenanmeldungen des Inhabers der prioritätsälteren Marke (d. h. prioritätsjüngere) nicht anzugreifen. Schließlich kann eine solche Vereinbarung noch weitere Pflichten, eine Rechtswahl oder eine Gerichtsstandsvereinbarung beinhalten.[257]

Abgrenzungsvereinbarungen sind typischerweise kartellrechtlich problematisch. Denn sie enthalten nicht selten Vereinbarungen, die sich an der Grenze zur Wettbewerbsbeschränkung bewegen. Die Übergänge, ab wann eine Abgrenzungsvereinbarung wettbewerbsbeschränkend ist, sind fließend und nicht immer eindeutig.[258] Regelmäßig wettbewerbsbeschränkend sind Vereinbarungen dazu, ob und wie der Vertragspartner einem Markt beitreten darf, mit wem und ob er kontrahieren darf oder wie seine Geschäftsbedingungen auszusehen haben.[259] Bei der Beurteilung der jeweiligen Klausel ist zu beachten, dass sowohl für das Kartellrecht als auch für das Immaterialgüterrecht die Rechtslage im Abschlusszeitpunkt maßgeblich ist.[260]

Für die Zwecke dieses Abschnitts genügt es festzuhalten, dass bei Abgrenzungsvereinbarungen nicht immer eindeutig ist, wann die Grenze des Kartellverbots überschritten ist. Selbst wenn die Parteien den Wettbewerbsverstoß nicht bezwecken, kann es vorkommen, dass weder die Parteien noch ihre Anwälte die Wettbewerbsbeschränkung in der Vereinbarung erkennen. Dass ein unparteiischer, juristisch nicht ausgebildeter Mediator den Verstoß erkennt, ist noch unwahrscheinlicher.

Beachtenswert ist in diesem Zusammenhang, dass die Parteien die Abgrenzungsvereinbarung auch über die ursprünglich streitigen Zeichen hinaus erweitern können. Welch erheblichen Einfluss die Parteien auf das Verhältnis ihrer

256 *Köther* Schutzrechtsvergleiche, S. 21; *Rißmann* Markenabgrenzung, S. 19.

257 Zu Abgrenzungsvereinbarungen *Jestaedt*, Langen/Bunte, Nach Art. 101 AEUV, Rn. 1270ff.

258 Ausführlich dazu *Kirchhoff* GRUR 2017, 248; *Köther* Schutzrechtsvergleiche, S. 17ff.

259 BGH GRUR 2016, 849 Rn. 38 – *Pelican/Pelikan* unter Hinweis auf EUGH GRUR Int 1985, 332 Tz. 46 – *Hasselblad*; EUGH Rs. 193/83, EU:C:1986:75 = GRUR Int. 1986, 635 – *Windsurfing International.*

260 BGH GRUR 2011, 641 Tz. 17 – *Jette Joop; Kirchhoff* GRUR 2017, 248, 252.

Marken haben, zeigt sich in einer besonders hohen Erledigungsquote im Widerspruchsverfahren vor den Ämtern.[261]

Noch deutlicher ist die *CompAir*-Entscheidung[262] des heutigen EUIPO. Danach hat das Amt bei künftigen Prüfungen relativer Eintragungshindernisse Abgrenzungsvereinbarungen heranzuziehen, namentlich wenn es die Verwechslungsgefahr mit prioritätsälteren Marken beurteilen muss.[263] So können übersehene oder verschleierte Kartellverstöße ein erhebliches Ausmaß annehmen.

II. Nichtangriffsabreden

Auch bei Nichtangriffsabreden im Immaterialgüterrecht stellt sich die Frage nach der kartellrechtlichen Erlaubtheit typischerweise und besonders häufig. Sie können auch Teil eines Lizenzvertrages[264] oder einer Abgrenzungsvereinbarung sein, kommen aber ebenso selbstständig vor. In ihnen vereinbaren die Parteien, wechselseitig oder einseitig Schutzrechte des Vertragspartners nicht anzugreifen.

Ein Kartellverstoß ist etwa anzunehmen, wenn der Lizenzgeber dem Lizenznehmer im Gegenzug für den Nichtangriff einen weitergehenden Anreiz verspricht, der über die Lizenzgewährung hinausgeht. Wettbewerbsbeschränkend ist ferner eine Nichtangriffsklausel zu einem Schutzrecht, das nur aufgrund falscher Angaben erteilt wurde.[265]

Der EUGH entschied in *Bayer/Süllhöfer*[266], dass bei einer Nichtangriffsabrede eine Wettbewerbsbeschränkung immer zu prüfen sei.[267] Ob sie wettbewerbsbeschränkend sei, hänge wesentlich vom Zusammenhang ab, in dem sie steht. Für die Annahme einer Wettbewerbsbeschränkung müsse die Abrede die Handlungsfreiheit des Verpflichteten sowie den Wettbewerb auf dem entsprechenden Markt spürbar beeinträchtigen. Ob Nichtangriffsabreden den Wettbewerb in diesem Sinne beschränken, bedarf einer genauen Prüfung und be-

261 Vgl. *Köther* Schutzrechtsvergleiche, S. 18.

262 HABM, Entsch. vom 30.7.2002, R-590/1999-2 – *CompAir*; hierzu *Köther* Schutzrechtsvergleiche, S. 18ff.

263 HABM, Entsch. vom 30.7.2002, R-590/1999-2 Rn. 19 – *CompAir.*

264 So etwa in EUGH Rs. 193/83, EU:C:1986:75 = GRUR Int. 1986, 635 Tz. 89ff. – *Windsurfing International*, zu einer Nichtangriffsabrede in einem Patentlizenzvertrag.

265 KOM Leitlinien zur Anwendung von Art. 101 des Vertrags über die Arbeitsweise der Europäischen Union auf Technologietransfer-Vereinbarungen vom 28.3.2014, ABl. C 89/3, Rn. 243 mit Bezug auf EUGH Rs. C-457/10 P, EU:C:2012:770 = GRUR Int. 2013, 837 – *AstraZeneca.*

266 EUGH Rs. 65/86, EU:C:1988:448 = NJW 1988, 3082 Tz. 21 – *Bayer/Süllhöfer.*

267 Zur früher gängigen Praxis der sofortigen Einordnung als bezweckte Wettbewerbsbeschränkung vgl. *Jansen/Johannsen* EuZW 2012, 893, 895f.

sonderer Expertise, die bei Mediatoren regelmäßig nicht zu erwarten ist. Hervorzuheben ist in diesem Zusammenhang, dass die Gruppenfreistellungsverordnungen zum Technologie-Transfer sowie zu Forschung und Entwicklung Nichtangriffsabreden ausdrücklich von der Freistellung ausnehmen.[268]

III. Negativlizenzen

Sogenannte Negativlizenzen finden sich insbesondere im Patentrecht. Mit ihnen wird vertraglich vereinbart, dass der mutmaßliche Schutzrechtsverletzer die dem Patent zugrundeliegende technische Lehre nur eingeschränkt nutzen darf und im Gegenzug das Patent nicht angreift. Wie bei Abgrenzungsvereinbarungen duldet der Patentinhaber die vertraglich eingeschränkte Nutzung, ohne das Patent zu lizenzieren.[269] Es handelt sich dabei um einen Fall der Nichtangriffsabrede.

IV. Absoluter Gebietsschutz im Sortenschutz

Als Lösung in Streitbeilegungsverhandlungen denkbar wäre ferner ein Lizenzvertrag mit ausschließlicher Lizenz und absolutem Gebietsschutz. Im Fall *Nungesser*[270] ordnete der EUGH es als wettbewerbsbeschränkend ein, wenn ein Lizenzgeber einem Lizenznehmer absoluten Gebietsschutz zusichert, der den Wettbewerb durch Dritte auf dem Gebiet restlos ausschaltet.[271]

V. Vergütete Beschränkung

Kartellrechtlich problematisch sind auch vergütete Beschränkungen. Eine solche Beschränkung ist beispielsweise die Pay-for-delay-Abrede: Ein Patentinhaber beschränkt den Generikahersteller insofern, als letzterer im Zeitpunkt des

268 Art. 5 Abs. 1 lit. c Verordnung (EG) Nr. 772/2004 der Kommission vom 27.4.2004 über die Anwendung von Artikel 81 Abs. 3 EG-Vertrag auf Gruppen von Technologietransfer-Vereinbarungen, ABl. EU 2004 L 123, 11; Art. 6 lit. a Verordnung (EU) Nr. 1217/2010 der Kommission vom 14.12.2010 über die Anwendung von Artikel 101 Abs. 3 des Vertrags über die Arbeitsweise der Europäischen Union auf bestimmte Gruppen von Vereinbarungen über Forschung und Entwicklung, ABl. EU 2010 L 335, 36.

269 *Bartenbach* Patentlizenz, S. 137.

270 EUGH Rs. C-258/78, EU:C:1982:211 = GRUR Int. 1982, 530 – *Nungesser.*

271 Vgl. *Hamann* Territoriale Begrenzung, S. 66ff. zum *Nungesser*-Urteil und S. 68ff. zu den Bedingungen, unter denen eine offene ausschließliche Lizenz mit dem Kartellverbot vereinbar ist.

Eintritts der Gemeinfreiheit nicht sofort Produkte auf Basis der technischen Lehre auf den Markt soll bringen dürfen.[272] Vergütete Beschränkungen sind regelmäßig wettbewerbsbeschränkend, wenn für die Beschränkung keine Lizenz erteilt wurde.[273]

VI. Marktaufteilung

Nicht nur im Immaterialgüterrecht ist typischerweise kartellverbotswidrig, wenn Wettbewerber den Markt durch Absprachen unter sich aufteilen. Die Marktaufteilung zählt Art. 101 Abs. 1 lit. c AEUV zu den Hardcore-Kartellen. Beliebt ist eine Aufteilung nach Gebieten.

In der Mediation kann es zu einer Marktaufteilung nicht nur dann kommen, wenn die Parteien sie von Beginn an bezwecken. Denkbar ist auch, dass sich die Marktaufteilung im Schutzrechtsstreit als günstiges und einfaches Mittel zur Lösung dieses Streits und künftiger Streitigkeiten und damit im Wettbewerbskampf generell auftut.

VII. Lizenzverträge

Die Lizenzvergabe selbst ist nicht wettbewerbsbeschränkend, gleich ob sie isoliert oder im Rahmen einer Streitbeilegungsvereinbarung erfolgt.[274] Allerdings bieten Lizenzverträge den Parteien generell Raum für kartellverbotswidrige Absprachen.[275]

Frühere Besonderheiten zu Lizenzverträgen im deutschen Recht[276] sind mit Inkrafttreten der 7. GWB-Novelle gegenstandslos geworden: Lizenzverträge als vertikale Absprachen unterfallen nun wie horizontale dem § 1 GWB.

---

272 *Jansen/Johannsen* EuZW 2012, 893, 894; vgl. auch *Jan Bernd Nordemann*, L/M/R/K/M–L, Teil III 1. lit. i Rn. 38 mit weiteren Beispielen und Nachweisen.

273 KOM Technologietransfer-Leitlinien 2014, ABl. C 89/3, Rn. 238.

274 KOM Technologietransfer-Leitlinien 2014, ABl. C 89/3, Rn. 236.

275 Vgl. BKartA TB 1974, 101f. ordnete eine Vertragsklausel, wonach Weiterentwicklungen eines lizenzierten Möbelprogramms auch unter den Vertrag fallen, gleich ob sie vom Lizenznehmer oder nur Lizenzgeber stammen, als wettbewerbswidrig und nach § 20 GWB 1973 unwirksam ein, weil der Lizenzgeber die technische Lehre des Lizenznehmers zu Unrecht in Anspruch nehme. Als ebenso mit § 20 GWB 1973 unvereinbar angesehen hat BKartA TB 1977, 191f. eine Vereinbarung, nach der der Lizenzgeber eine in seinem Betrieb entstandene Erfindung, die auf technischen Erkenntnissen des Lizenznehmers beruhte und mittels gegenseitigen Informationsaustauschs zu ihm gelangte, unentgeltlich für sich beanspruchen durfte.

276 §§ 14, 16, 17 GWB aF; vgl. *Schmelz-Buchhold* Wettbewerbsstreitigkeiten, S. 197.

VIII. Bestand und Umfang von Schutzrechten

Eine Registermarke zu löschen oder ein Patent für nichtig zu erklären ist den Parteien vertraglich nicht mit absoluter Wirkung möglich. Für eine solche erga omnes-Wirkung bedarf es eines Hoheitsakts. Gleichwohl sind bilaterale Vereinbarungen denkbar,[277] etwa einen Antrag zurückzunehmen oder ein Schutzrecht löschen zu lassen. Solche Vereinbarungen wirken zwar nur inter partes, haben aber denselben Effekt. Dieser Effekt kann ebenso auftreten, wenn es auf dem Markt nur einen tatsächlichen und potenziellen Lizenznehmer gibt, mit dem der Lizenzgeber einen Lizenzvertrag schließt.

Solche Vereinbarungen über den Bestand und den Umfang von Schutzrechten sind kartellrechtlich kritisch.[278] Denn damit unterlaufen die Parteien die Besonderheit des Immaterialgüterrechts, dass das Monopolrecht nur hoheitlich anerkannt oder vergeben werden kann.[279] Der wettbewerbliche Konsens, dass die gesetzlichen Voraussetzungen erfüllt sein müssen, um Schutz für immaterielle Güter zu bekommen, und nur deshalb ein sonst unerwünschtes Monopol gewährt werden kann, würde unterlaufen.

IX. Zwischenergebnis

Mögliche Verstöße gegen das Kartellverbot im Rahmen von Mediation im Immaterialgüterrecht lassen sich leicht finden. Die obige Aufzählung sollte einerseits auf die besonderen Risiken im Immaterialgüterrecht aufmerksam machen. Andererseits hilft sie bei der Diskussion der zu Schutzrechtsvergleichen entwickelten, erkennbar fragwürdigen Rechtsprechung des BGH zur Privilegierung von Wettbewerbsvergleichen: Wird ein Vergleich ausschließlich dem beiderseitigen Interesse gerecht, den Umfang der jeweiligen Schutzrechte im Verhältnis zueinander zu klären, um das Risiko für Verwechslungen oder Konflikte zu minimieren, dann hält der BGH den Vergleich für nicht wettbewerbsbeschränkend,[280] wenn bei Vertragsschluss ein objektiv begründeter Anlass zur Annahme besteht, dem begünstigten Vertragspartner stehe ein Unterlassungsanspruch zu.

277 Vgl. *Schack* IZVR, Rn. 1325.
278 Vgl. *Schmelz-Buchhold* Wettbewerbsstreitigkeiten, S. 197.
279 Zu diesem Spannungsverhältnis *Jan Bernd Nordemann*, L/M/R/K/M–L, GRUR Rn. 9ff.
280 EUGH Rs. C-35/83, EU:C:1985:32 = NJW 1985, 1278 – *Toltecs/Dorcet II* behandelte eine solche wettbewerbsbeschränkende Markenabgrenzungsvereinbarung, wobei der EUGH diese passenderweise mit den Worten *Köthers* (Schutzrechtsvergleiche, S. 103f.) »als unzulässigen Versuch, unter dem Vorwand der Konfliktlösung den Wettbewerb zu beschränken« einordnete; vgl. dazu auch *Schmelz-Buchhold* Wettbewerbsstreitigkeiten, S. 200ff.

»In solchen Fällen stehen § 1 GWB und die durch ihn geschützten Interessen einer friedlichen Bereinigung der Streitigkeiten im Rahmen eines Vergleichs nicht entgegen.«[281] Dass das Kartellverbot nach der Rechtsprechung des EUGH für eine solche Privilegierung der Wettbewerbsbeschränkung keinen Raum lässt, wird im Folgenden ausführlich erörtert.[282]

281 BGHZ 65, 147 = NJW 1976, 194, 195 – *Thermalquelle*; vgl. zur Privilegierung von Vergleichen unter Wettbewerbern unten S. 76ff. und *Wolf* NZKart 2015, 90, 98.

282 Dazu unten S. 79f.

F. Kartellverbot und Mediation

Dieser Abschnitt beantwortet die Kernfragen dieser Untersuchung: Können Parteien mittels eines Mediationsverfahrens dem Kartellverbot gezielt oder unabsichtlich entgehen? Oder hat das Kartellverbot ausnahmslos zwingenden Charakter?

Dabei stellen sich zunächst Fragen des materiellen Rechts. Doch sind die anschließenden Fragen der praktischen Durchsetzbarkeit des Kartellrechts von noch größerer Relevanz.[283]

I. Materiell-rechtliche Überprüfbarkeit am Maßstab des Kartellverbots

Im Vordergrund des materiell-rechtlichen Verhältnisses von Kartellverbot und Mediation steht die Frage, ob sich Verhaltensweisen im Rahmen von Mediationsverfahren an den Vorgaben des Kartellverbots messen lassen müssen.

1. Gegenstand der Überprüfung – Relevante Phasen der Mediation

Zunächst ist zu klären, was Gegenstand der Überprüfung sein soll. Das gesamte Streitverfahren lässt sich wie folgt einteilen: (1) die Phase vor der eigentlichen Mediation; die Parteien haben noch nicht beschlossen, ihren Streit mittels Mediation beizulegen, mithin noch keine Mediationsabrede getroffen. (2) Anschließend werden Einzelheiten der Mediation vereinbart, etwa wer Mediator sein soll und welchen Zeitrahmen die Parteien anstreben. (3) Dem folgt die Mediation. In der Regel ist der Mediator anwesend und führt durch das Verfahren. (4) Wenn die Mediation erfolgreich ist, schließen die Parteien sie mit

283 S. unten S. 87ff.

einer Mediationsvereinbarung ab, die mindestens die konsensuale Lösung des Streits und gegebenenfalls noch weitere Abmachungen enthält.

a) Die Phase vor der Mediationsabrede

In der Phase, bevor die Parteien vereinbart haben, eine Mediation durchzuführen, könnte ein Kartellverstoß insofern vorkommen, als die Parteien sich ihres zukünftigen wettbewerbsbeschränkenden Handelns bewusst sind und schon in diesem Zeitpunkt das weitere Vorgehen besprechen. Denkbar ist, dass die Parteien ihre gleichlaufenden Interessen erkennen, wenn sie einen Mini-trial durchführen. Soweit dort etwa schon besprochen wird, die Mediation solle der Deckmantel für die eigentliche Absprache sein, ist auch diese erste Phase der Mediation zu überprüfen. Eine Absprache in dieser Phase unterscheidet sich nicht von sonstigen, alltäglichen kartellverbotswidrigen Absprachen. Vertiefte Ausführungen hierzu sind daher nicht geboten.

b) Mediationsabrede

Die Mediationsabrede ist die vertragliche Vereinbarung, ein Mediationsverfahren durchzuführen.[284] Dass allein in dieser Abrede wettbewerbsbeschränkende Vereinbarungen enthalten sind, ist kaum vorstellbar. Allerdings könnte die Mediationsabrede Teil einer wettbewerbsbeschränkenden abgestimmten Verhaltensweise sein, auch wenn ein solches Vorgehen wenig attraktiv erscheint. Auch hier zeigen sich keine Besonderheiten im Zusammenhang mit der Mediation, sodass auf vertiefte Ausführungen wiederum verzichtet werden kann.

c) Mediationsprozess

Der Mediationsprozess bietet wegen der Vertraulichkeit und dem Umstand, dass häufig Wettbewerber an einem Tisch sitzen und gemeinsam eine Lösung suchen, eine geradezu perfekte Plattform für wettbewerbsbeschränkende Absprachen. Dem Prozess selbst schenkt die Untersuchung daher besondere Aufmerksamkeit. Wichtige Aspekte sind insbesondere die Verschwiegenheitspflichten und die Haftung des Mediators.[285]

284 *Hopt/Steffek* Mediation, S. 43.
285 S. unten S. 89ff. und S. 123ff.

d) Mediationsergebnis

Das Mediationsergebnis ist regelmäßig ein Vertrag, häufig ein Vergleich iSv § 779 BGB, soweit »dadurch der Streit oder die Ungewissheit der Parteien über ein Rechtsverhältnis im Wege gegenseitigen Nachgebens beseitigt wird«. Da die Vereinbarung häufig schriftlich festgehalten wird, erscheint eine Überprüfung des Mediationsergebnisses am ehesten möglich. Ob die Überprüfung aber fruchtbar wäre, ist zweifelhaft, wenn die Parteien den Vertrag in Kenntnis des Kartellrechtsverstoßes geschlossen haben. Zudem ist nicht gesagt, dass das schriftlich fixierte Ergebnis alles enthält, was besprochen oder vereinbart wurde, oder dass es jemals an die Öffentlichkeit gelangt.

e) Zwischenergebnis

Die Phase im Vorfeld einer Mediationsabrede und die Abrede selbst bieten keine Besonderheiten, die nach einer näheren Untersuchung verlangten. Das Mediationsverfahren und das Mediationsergebnis hingegen bieten theoretisch eine große Angriffsfläche für eine vertiefte Untersuchung, auch wenn die Vertraulichkeit des Mediationsverfahrens praktisch nur selten eine Überprüfung zulässt.[286]

2. Normenhierarchie bei Mediation und Kartellverbot

Der AEUV steht als europäisches Primärrecht normenhierarchisch an oberster Stelle. Als EU-Recht genießen Art. 101 ff. AEUV und das sekundäre EU-Kartellrecht Anwendungsvorrang[287] vor nationalem Recht wie dem MediationsG. Das GWB steht als einfaches Gesetz normenhierarchisch auf derselben Stufe wie das MediationsG.

Allerdings gibt das MediationsG keine Befugnisse oder Berechtigungen, die dem Kartellverbot entgegenstehen könnten oder den Parteien einen Verstoß ermöglichen könnten. Vollstreckungsmöglichkeiten für das im Rahmen der Mediation gefundene Ergebnis sehen weder das MediationsG noch die ZPO ausdrücklich vor.[288] Insofern ist die Normenhierarchie rein theoretischer Natur. Dass sie sich praktisch auswirken könnte, ist nicht ersichtlich. Sie beträfe ohnehin nur das Verhältnis des MediationsG zum EU-Kartellrecht; in diesem Verhältnis setzt sich jedoch stets das EU-Kartellrecht durch.

Schon wegen der Normenhierarchie können die Streitparteien dem Kartell-

286 Ähnlich *Raiser* BB 1977, 1461, 1466 generell für Vergleiche, an die sich die Parteien halten.
287 *Grave/Nyberg*, L/M/R/K/M–L, Art. 101 Abs. 1 AEUV Rn. 50–59.
288 Ausführlich unten S. 94 ff.

verbot in einem Mediationsverfahren nicht ausweichen.[289] Dementsprechend ist die Kommission auch nicht an in Urteilen mitgliedstaatlicher Gerichte gefundene Ergebnisse gebunden;[290] das gilt erst Recht für Schiedssprüche.[291] Die materiell-rechtliche Beurteilung wettbewerbsbeschränkenden Verhaltens in der Mediation hat jedoch noch einen anderen, vom BGH zu verantwortenden Aspekt.

3. Privilegierung von Vergleichen im Wettbewerbsrecht

Der BGH hat nämlich lange Zeit den Streitparteien einen kartellrechtlichen Beurteilungsspielraum eingeräumt, wenn sie den Streit im Interesse der Prozessvermeidung beilegen, d. h. sich vergleichen. Der BGH nutzt diese Ausnahme als Ausgleich, um Spannungen zwischen privaten und öffentlichen Interessen bei Vergleichen unter Wettbewerbern flexibel auszugleichen.[292] Unter welchen Voraussetzungen diese Ausnahme gelten soll und ob sie unter der Herrschaft des EU-Kartellverbots noch haltbar ist, ist im Folgenden zu klären.

a) Rechtsprechung des BGH

In der Entscheidung *Tauchpumpen*[293] entwickelte der BGH die Voraussetzungen, unter denen ein wettbewerbsbeschränkender Vergleich unter Wettbewerbern nicht kartellrechtswidrig sein sollte.[294] Diese Entwicklung schloss sich an die Dekartellierungsgesetze an.[295] Es ging im Ausgangspunkt darum, ob die Geltung und Reichweite von Patenten durch einen Vergleich geregelt werden können.

Der BGH hat in mehreren Urteilen entschieden und im Laufe der Zeit konkretisiert, dass eine Abmachung über den Bestand und den Umfang eines Schutzrechts unter bestimmten Voraussetzungen nicht gegen § 1 GWB[296] verstößt.[297] Der BGH hielt es für nicht gerechtfertigt, dass die Beteiligten sich wegen

289 Dass es keine weiterführenden Erkenntnisse bringt, die Normenhierarchie etwa zwischen UMV und AEUV heranzuziehen, hat auch *Köther* Schutzrechtsvergleiche, S. 19 erkannt.

290 EUGH Rs. C-344/98, EU:C:2000:689 = NJW 2001, 1265 Rn. 48.

291 *Eilmansberger* SchiedsVZ 2006, 5, 17; *Holm-Hadulla* Private Kartellrechtsdurchsetzung, S. 120f.

292 So auch *Teufer* Alternative Beilegung, S. 142.

293 BGHZ 3, 193, 200 = GRUR 1952, 141 – *Tauchpumpen*.

294 *Teufer* Alternative Beilegung, S. 139 nennt dies (in Anlehnung an *Zimmer*, Immenga/Mestmäcker, § 1 GWB Rn. 301) zu Recht nicht ganz überzeugt die Theorie der objektiven Abgrenzung.

295 *Teufer* Alternative Beilegung, S. 139.

296 Zur Auslegung des § 1 GWB ausführlich *Teufer* Alternative Beilegung, S. 149ff.

297 BGHZ 16, 296 = NJW 1955, 630 – *Herzwandvase*; BGHZ 65, 147 = NJW 1976, 194 – *Thermalquelle*.

des Kartellverbots nicht gütlich einigen könnten und sie selbst dann zu einem Rechtsstreit gezwungen wären, »wenn ein ernsthafter, objektiv begründeter Anlass zu der Annahme besteh[e], der begünstigte Vertragspartner habe Anspruch auf Unterlassung der durch den Vergleich untersagten Handlung«.[298] Denn dann sei, führten die Parteien doch einen Rechtsstreit, ernstlich mit dem Ergebnis zu rechnen, dass die umstrittene Handlung dem Wettbewerber untersagt werde: »Nur solche wettbewerbsbeschränkenden Abreden sind von der Nichtigkeitsfolge freigestellt, die sich innerhalb der Grenzen dessen halten, was auch bei objektiver Beurteilung ernstlich zweifelhaft sein kann«.[299] Mit anderen Worten: Die Parteien sollen sich kartellverbotswidrig vergleichen dürfen, wenn sie dies tun, um einen Prozess zu vermeiden und nach objektiven Maßstäben damit rechnen durften, dass der Vergleich nicht kartellverbotswidrig ist.[300] Das Interesse, einen Prozess zu vermeiden, erlaube den Parteien jedoch keine kartellrechtswidrigen Beschränkungen, die über das zur Lösung des Konflikts Erforderliche hinausgehen. Allerdings räumt der BGH den Parteien hierfür einen Einschätzungsspielraum ein.[301]

Zuletzt ist der BGH dieser Rechtsprechungslinie im Jahr 2005 gefolgt.[302] Ob er an ihr auch künftig festhalten wird, ist fraglich. Dass er in dieser Entscheidung nur auf die bisherige Rechtsprechung des Kartellsenats verwies ohne daran zu zweifeln, spricht eher dafür.

b) Rechtsprechung des EUGH

Fraglich ist, ob der EUGH ein solches Wirkungsprivileg billigt und ob der Vorrang des Unionsrechts den nationalen Gerichten eine entsprechende Ausnahme vom umfassenden Kartellverbot verwehrt.

Die Zulässigkeit des Wirkungsprivilegs ist nach wie vor umstritten.[303] *Zimmer*[304] meint, die Zustimmung des EUGH zu erkennen und begründet dies mit einem von ihm verkürzten Halbsatz in Rn. 15 der Entscheidung *Bayer/Süllhöfer*[305]. Dort habe der EUGH ausdrücklich offengelassen, »[…] ob und inwieweit ein vor einem nationalen Gericht zustande gekommener Prozessvergleich, der

298 BGHZ 65, 147 = NJW 1976, 194, 195 – *Thermalquelle.*

299 BGH GRUR 2005, 845, 847 – *Abgasreinigungsvorrichtung.*

300 Nach *Raiser* BB 1977, 1461, 1466 lässt sich dogmatisch nicht begründen, es sei aber akzeptabel, weil es das »rechtspolitisch gerechtfertigte Bedürfnis befriedig[e], dem durch Vertrag hergestellten Rechtsfrieden innerhalb erträglicher Grenzen Vorrang vor der starren Durchsetzung des Gesetzes- oder Gerichtsrechts zu gewähren«.

301 So etwa zur Kollision von Zeichenrechten BGH NZKart 2016, 591 – *Peek & Cloppenburg IV.*

302 BGH GRUR 2005, 845 – *Abgasreinigungsvorrichtung.*

303 Nachweise bei *Säcker/Jaecks*, MüKo-EUWettbR, Art. 101 AEUV Rn. 661f.

304 *Zimmer*, Immenga/Mestmäcker, § 1 GWB Rn. 161 und Fn. 498.

305 EUGH Rs. 65/86, EU:C:1988:448 = NJW 1988, 3082 – *Bayer/Süllhöfer.*

eine gerichtliche Handlung darstellt, wegen Verstoßes gegen das Wettbewerbsrecht der Gemeinschaft nichtig sein kann.« Dabei übergeht *Zimmer* den vorangehenden Teil der Rn. 15, dass »Artikel 85 I EWG-Vertrag [heute Art. 101 Abs. 1 AEUV] bei der Untersagung bestimmter ›Vereinbarungen‹ zwischen Unternehmen nicht zwischen Vereinbarungen, die zur Beendigung eines Rechtsstreits geschlossen werden, und Vereinbarungen, mit denen andere Zwecke verfolgt werden,« differenziere.[306]

Wichtig in diesem Zusammenhang ist auch das Urteil *Nungesser*[307]. Dort vertrat der EUGH eine Rechtsauffassung, die der des BGH widersprach, auch wenn der EUGH sich im Einklang mit der deutschen Rechtsprechung sah. Der EUGH hatte einen Vergleich zu beurteilen, der es dem Lizenznehmer verbot, Saatgut ohne Genehmigung des Lizenzgebers einzuführen. Der Lizenzgeber war Inhaber eines ausschließlichen Sortenschutzrechts; mit dem Vergleich wollte er sich für ein bestimmtes Gebiet vor Parallelimporten absichern. Diesen absoluten Gebietsschutz ordnete der EUGH als wettbewerbsbeschränkend ein. Mit der Rechtsprechung des BGH hätte sich indes gut vertreten lassen, dass die Parteien bei Vergleichsschluss keinen ernsthaften, objektiv begründeten Anlass zu Zweifeln an der Wettbewerbskonformität hatten.[308] Der EUGH weist in Rn. 87 darauf hin, dass der gerichtliche Vergleich in Deutschland zwar Vollstreckungstitel sei. Trotzdem komme ihm nach deutschem Recht keine Rechtskraft zu. Die Kommission habe insofern – nach der oben ausgeführten BGH-Rechtsprechung nicht zutreffend – festgestellt, dass die deutsche Rechtsprechung von der Auffassung ausgehe, dass ein gerichtlicher Vergleich, um wirksam zu sein, ebenso den Ordre public und die guten Sitten beachten müsse. Darunter fielen auch die zwingenden Regeln des Kartellrechts. Einen Vorbehalt, ein Privileg oder eine Ausnahme zur materiell-rechtlichen Wirksamkeit sucht man in der Entscheidung des EUGH vergebens.[309]

Die der Entscheidung *Toltecs/Dorcet II*[310] entnommene und anderweitig interpretierte Aussage, dass der EUGH diejenigen Wettbewerbsbeschränkungen billige, die sich aus einem (Schutzrechts-)Vergleich zwingend ergeben,[311] sind, wie *Köther*[312] überzeugend ausführt, Überinterpretationen. Der EUGH lässt nirgends erkennen, dass er Abstriche an der Durchsetzung des EU-Kartellverbots zulassen will.

306 So richtig auch *Köther* Schutzrechtsvergleiche, S. 107.
307 EUGH Rs. C-258/78, EU:C:1982:211 = GRUR Int. 1982, 530 – *Nungesser.*
308 Zum Ganzen überzeugend *Teufer* Alternative Beilegung, S. 142f.
309 So auch *Köther* Schutzrechtsvergleiche, S. 110.
310 EUGH Rs. C-35/83, EU:C:1985:32 = NJW 1985, 1278ff. – *Toltecs/Dorcet II.*
311 *Molle* »Begleitende« Wettbewerbsverbote, S. 80; *Wolf* NZKart 2015, 90, 94.
312 *Köther* Schutzrechtsvergleiche, S. 101ff. und S. 103ff. zur Entscheidung *Toltecs/Dorcet II.*

c) Zwischenergebnis

Der BGH privilegiert Vergleiche im Wettbewerbsrecht. Dass weder Art. 101 Abs. 1 AEUV noch § 1 GWB einen solchen Vorbehalt vorsehen, stört ihn insoweit nicht.

Der EUGH kennt eine generelle kartellrechtliche Privilegierung solcher Vergleiche nicht. Für ein materiell-rechtliches Wirkungsprivileg von Kartellverstößen ist hiernach unionsweit kein Raum mehr. Insofern ist *Schmidt*[313] uneingeschränkt zuzustimmen: Ungeachtet der Gründe, die sich für die Rechtsprechung der deutschen Gerichte zu § 1 GWB anführen lassen und sich auch für Art. 101 Abs. 2 AEUV anführen ließen, steht dem der Anwendungsvorrang des Unionsrechts eindeutig entgegen. Denn Art. 101 Abs. 1, 2 AEUV kennen »keine Freistellung ›vertretbarer‹ Vergleichsverträge vom Kartellverbot, also auch kein Wirkungsprivileg«[314]. Immerhin ist sich der BGH bewusst, dass die EUGH-Rechtsprechung für seine Auslegung des § 1 GWB maßgeblich ist.[315]

Eine etwaige Privilegierung kann somit nicht rechtlicher, sondern lediglich faktischer Natur sein:[316] Denn nach der EUGH-Rechtsprechung können sich einzig solche Maßnahmen in Vergleichsverträgen auf deren kartellrechtliche Tatbestandmäßigkeit auswirken, die entweder unmittelbar beeinflussen, ob die Verhaltensweise wettbewerbsbeschränkend ist,[317] oder die nach Art. 101 Abs. 3 AEUV iVm Art. 1 Abs. 2 VO 1/2003 privilegiert sind.[318] In beiden Fällen ist dies reine Gesetzesanwendung; die Wirkung zu privilegieren wäre verfehlt und käme einer Rule of reason[319] gleich.[320] Zwar kann der mittlerweile als Legalausnahme wirkende Art. 101 Abs. 3 AEUV dazu führen, dass die Ergebnisse von BGH und

---

313 *K. Schmidt*, Immenga/Mestmäcker, Art. 101 Abs. 2 AEUV Rn. 38; richtig damit auch *Teufer* Alternative Beilegung, S. 144.

314 *K. Schmidt*, Immenga/Mestmäcker, Art. 101 Abs. 2 AEUV Rn. 38.

315 BGH GRUR 2011, 641 Tz. 33 – *Jette Joop*.

316 So richtig *K. Schmidt*, Immenga/Mestmäcker, Art. 101 Abs. 2 AEUV Rn. 38.

317 Zu wettbewerbsimmanenten und -fördernden Maßnahmen und zur Möglichkeit, diese bei der Subsumtion heranzuziehen, vgl. *Köther* Schutzrechtsvergleiche, S. 117ff.

318 Nach *Köther* Schutzrechtsvergleiche, S. 116f. sucht die Kommission gleichwohl noch ihre Linie zu Wettbewerbsvergleichen, denn die vergleichsfreundlichen Technologietransfer-Leitlinien 2014, ABl. C 89/3, Rn. 242 entsprechen weder der EUGH-Rechtsprechung noch der späteren Kommissionsentscheidung vom 9.7.2014, AT.39612 – *Servier*. Vgl. auch – eher vergleichsunfreundlich – die Kommissionsentscheidung vom 19.6.2013, AT.39226, Rn. 81 – *Lundbeck*.

319 Diese Regel des US-amerikanischen Kartellrechts erlaubt es, die wettbewerbsfördernden Effekte einzubeziehen und die wettbewerbsbeschränkenden Effekte auszugleichen; vgl. dazu und zur systematischen Unzulässigkeit einer Rule of reason in Art. 101 AEUV *Schröter*, von der Groeben/Schwarze/Hatje, Art. 101 AEUV Rn. 24; *Lettl* KartellR, § 2 Rn. 73; *Köther* Schutzrechtsvergleiche, S. 90ff.

320 Das Fehlen der Rule of reason war auch der ursprüngliche Hintergrund des Privilegs; *Ehlke* Wirkungsprivileg, S. 187ff.

EUGH in vielen Fällen gleich ausfallen, soweit der wettbewerbsbeschränkende Vergleich »zur Verbesserung der Warenerzeugung oder -verteilung oder zur Förderung des technischen oder wirtschaftlichen Fortschritts [beigetragen hat]«, Art. 101 Abs. 3 AEUV. Diese Argumentation greift allerdings erst durch, seit das Erfordernis eines Freistellungsantrags bei der Kommission der Legalausnahme gewichen ist. Doch hat der BGH diese Privilegierung weder besprochen noch ausdrücklich an die veränderte Rechtslage und die Voraussetzungen des Art. 101 Abs. 3 AEUV angepasst.

Weshalb der BGH in der Entscheidung *Abgasreinigungsvorrichtung*[321] also anscheinend annimmt, es sei noch immer nach den oben genannten Voraussetzungen möglich, die Wirkung eines Vergleichs zu privilegieren, ist unerfindlich. Wegen des Vorrangs des Unionsrechts ist hierfür nur Raum, soweit die Voraussetzungen des Art. 101 Abs. 3 AEUV nicht vorliegen.[322] Diese müssen die Unternehmen darlegen und beweisen, und nicht nur – wie nach der Ansicht des BGH – ihre Unsicherheit über ihren Streit. Denn Art. 3 Abs. 2 S. 1 VO 1/2003 erlaubt den Mitgliedstaaten nur, das einzelstaatliche Wettbewerbsrecht anzuwenden, wenn es bei zweiseitigen Maßnahmen zu den gleichen Ergebnissen kommt wie das europäische. Was also unter Art. 101 AEUV verboten ist, muss auch unter dem einzelstaatlichen Kartellverbot, in Deutschland § 1 GWB, verboten sein.

4. Rechtswahlfreiheit und die Wahl nichtstaatlichen Rechts

Wie im Schiedsrecht muss man auch bei der Mediation kollisionsrechtlich auseinanderhalten: das auf das streitige Rechtsverhältnis anwendbare Recht, das auf das Zustandekommen der Mediationsvereinbarung anwendbare Recht, die lex fori, die über Zulässigkeit und Wirkungen der Mediationsvereinbarung entscheidet, das in der Mediation geltende Recht sowie das auf den Vertrag mit dem Mediator anzuwendende Recht.[323]

Zentral bei privatrechtlichen Verträgen ist die Rechtswahlfreiheit, also die Freiheit der Parteien, das auf ihr Verhältnis anwendbare Recht zu wählen (kollisionsrechtliche Parteiautonomie). Wenn Absprachen aus einer Mediation staatlich geprüft werden, wenden Gerichte zunächst die lex fori an, also das Recht des Forumstaats. In Deutschland und der gesamten EU (mit Ausnahme Dänemarks) gilt für das auf vertragliche Schuldverhältnisse anzuwendende

321 BGH GRUR 2005, 845, 847 – *Abgasreinigungsvorrichtung.*
322 So auch *K. Schmidt*, Immenga/Mestmäcker, Art. 101 Abs. 2 AEUV Rn. 38.
323 Vgl. zum Schiedsrecht *Schack* IZVR, Rn. 1321.

Recht zunächst die Rom I-VO[324]. Sie gilt für vertragliche Schuldverhältnisse in Zivil- und Handelssachen, die eine Verbindung zum Recht verschiedener Staaten aufweisen, Art. 1 Abs. 1 Rom I-VO. Dass der Staat den Parteien die freie Wahl des anzuwendenden Rechts gewährleistet, bestimmt für Deutschland mithin Art. 3 Rom I-VO.

Mediationsverfahren, deren Gegenstand eine Zivilsache ist, fallen in den Anwendungsbereich der Rom I-VO. Die Ausnahmen von Art. 3 Rom I-VO sind überschaubar und wegen des Anwendungsvorrangs des Unionsrechts nur möglich, soweit dies die Verordnung selbst zulässt. So nimmt Art. 1 Abs. 2 lit. e Schiedsvereinbarungen vom Anwendungsbereich der Rom I-VO aus. Teilweise wird international vertreten, dass hierunter auch Mediationsvereinbarungen fallen.[325] Dem ist jedoch nicht zu folgen. Der deutsche Wortlaut von lit. e erfasst nur Schieds- und Gerichtsstandsvereinbarungen. Auch die englische Fassung »*arbitration agreements and agreements on the choice of court*« ist eindeutig nicht auf Mediationsvereinbarungen zugeschnitten. Die Mediation lässt sich aufgrund des eindeutigen Wortlauts nicht direkt unter die Norm subsumieren. Und einer Analogie steht der Normzweck entgegen: die Rücksicht auf Art. V Abs. 1 UNÜ als maßgebliche Kollisionsnorm, die nahezu weltweit gilt. Einer zusätzlichen Kollisionsnorm für Schiedsvereinbarungen in der Rom I-VO bedurfte es deshalb nicht.[326]

Angesichts Art. 3 Rom I-VO drängt sich die Frage auf, ob die Parteien das auf ihre Vereinbarung anwendbare Recht frei wählen oder das eigentlich anwendbare Recht abwählen und sich so ihr eigenes Recht »basteln« können. Sie könnten damit bezwecken, dass ihr Streit nach einem Recht entschieden wird, das kein oder nur ein schwaches Kartellverbot kennt.

a) Die Rechtswahl nach § 1051 ZPO

Ausganspunkt für die Schiedsgerichtsbarkeit ist § 1051 ZPO. Die Norm ist auch für diese Untersuchung relevant. Denn sie gewährt scheinbar eine schrankenlose Rechtswahl.

§ 1051 ZPO ist immer dann anwendbar, wenn der Ort des Schiedsverfahrens in Deutschland liegt.[327] Die wohl herrschende Lehre versteht § 1051 ZPO als

324 Verordnung (EG) Nr. 593/2008 des Europäischen Parlaments und des Rates vom 17.6. 2008 über das auf vertragliche Schuldverhältnisse anzuwendende Recht, ABl. L 177, 6, ber. ABl. L 209, 87.

325 *Queirolo/Gambino*, Italy, in: Civil and Commercial Mediation in Europe II, S. 221, 227; *Menétrey*, Luxembourg, in: Civil and Commercial Mediation in Europe II, S. 253, 258.

326 Ausführlich *Wentzel* Internationale Mediation, S. 227 ff. mwN.

327 *Schack* FS Schütze 2014, S. 511; *Münch*, MüKo-ZPO § 1051 ZPO Rn. 2; *Schlosser*, Stein/Jonas, § 1051 Rn. 1; *Prütting*/Gehrlein, § 1051 Rn. 1.

Sonderkollisionsnorm. Sie soll abschließend regeln, welches Recht in Schiedsverfahren anwendbar ist.[328]

Der Streit der juristischen Literatur, ob Art. 3 Rom I-VO oder § 1051 ZPO auf die Rechtswahl in Schiedsverfahren Anwendung findet, ist nicht ausgefochten.[329] Er soll in dieser Arbeit nicht neu aufgerollt werden, denn die Praxis hat sich für die Anwendung von § 1051 ZPO entschieden.[330] Hieran müssen sich die Schiedsparteien orientieren und ihre Rechtswahl an § 1051 ZPO messen lassen.

b) Möglichkeit der Rechtswahl nach § 1051 ZPO bei Mediation

Zunächst ist zu diskutieren, inwiefern die genuin schiedsgerichtliche Norm des § 1051 ZPO auch im Recht der Mediationsverfahren eine Rolle spielen kann.

Nach grammatikalischer, systematischer und historischer Auslegung gilt § 1051 ZPO nur für Schiedsgerichte. Die Norm will den Schiedsort Deutschland fördern. So ließe sich argumentieren, dass auch die Mediation gefördert und nach Deutschland geholt werden solle.[331] Doch passt die Norm insofern nicht zur Mediation, als hier kein Dritter den Rechtsstreit unter Anwendung eines bestimmten Rechts zu entscheiden hat. Vielmehr erscheint wegen der Autonomie der Parteien und ihrer Herrschaft über den Streit und dessen Beilegung eine solche Norm nicht anwendbar. Eine analoge Anwendung kommt schon mangels einer planwidrigen Regelungslücke nicht in Betracht.

Gleichwohl haben die Ausführungen zu Med-Arb, Arb-Med und dem Schiedsspruch mit vereinbartem Wortlaut gezeigt,[332] dass Medianten ihr Mediationsverfahren in ein schiedsgerichtliches Verfahren (oder auch umgekehrt) überleiten können. Auch lässt sich ein Mediations- als Schiedsverfahren tarnen. Voraussetzung ist nur, dass der Ort des Verfahrens in Deutschland liegt.

Über diesen Umweg gilt die schiedsgerichtliche Praxis zugunsten des § 1051 ZPO jedenfalls faktisch auch für Medianten, soweit sie diesen Umweg beschreiten wollen.[333] In allen übrigen Fällen bleibt es bei Art. 3 Rom I-VO.

---

328 *McGuire* SchiedsVZ 2011, 257, 260; *Schack* IZVR, Rn. 1400ff.

329 Zum Verhältnis der Normen und zum Streitstand *Schack* FS Schütze 2014, S. 511, 513; *McGuire* SchiedsVZ 2011, 257ff.

330 Vgl. *Schack* IZVR, Rn. 1401ff.

331 Vgl. dazu oben S. 59.

332 Oben S. 52ff.

333 Dass bei Med-Arb Schiedsverfahrensrecht Anwendung finden muss, sieht auch *Hutner* IPR Wirtschaftsmediation, S. 174.

c) Unterschiede zwischen § 1051 ZPO und Art. 3 Rom I-VO

Bevor auf die Einzelheiten zu § 1051 ZPO und Mediation eingegangen wird, müssen die Unterschiede dieser Norm zu Art. 3 Rom I-VO herausgestellt werden.

Zunächst formuliert § 1051 Abs. 1 S. 1 ZPO abweichend von Art. 3 Rom I-VO, dass ein Recht gewählt werden kann und nicht nur eine staatliche Rechtsordnung. § 1051 ZPO stellt es den Parteien frei, ein nichtstaatliches Recht, etwa ein Modellgesetz wie die Unidroit Principles of International Commercial Contracts, transnationales Recht oder auch die Sharia zu wählen.[334] Noch weiter geht § 1051 Abs. 3 S. 1 ZPO, indem er den Parteien erlaubt, dem Schiedsrichter das Recht einzuräumen, nach billigem Ermessen zu entscheiden.

Der scheinbar wichtigste und umstrittenste[335] Unterschied ist die Beschränkung der Rechtswahl. Die freie Rechtswahl in Art. 3 beschränkt die Rom I-VO insbesondere in Art. 6 Abs. 2 zum Schutz von Verbrauchern, in Art. 7 Abs. 3 von Versicherungsnehmern und in Art. 8 Abs. 1 von Arbeitnehmern. Ferner räumen Art. 9 Eingriffsnormen und Art. 21 Rom I-VO dem Ordre public Vorrang ein.[336]

Solche Vorbehalte kennt § 1051 ZPO nicht ausdrücklich.[337] Doch kann und will auch § 1051 ZPO keine schrankenlose Rechtswahl gewähren.[338] Im Ergebnis sind die Unterschiede damit nicht so groß, wie der Wortlaut der Norm vermuten lässt:[339] Ordre public und Eingriffsnormen des deutschen Rechts beschränken ebenfalls die Wahl staatlichen wie nichtstaatlichen Rechts durch die Schiedsparteien.

d) Einschränkungen der Rechtswahl

Damit stellt sich die zentrale Frage, ob sich das europäische wie deutsche Kartellverbot als Eingriffsnorm oder als Teil des Ordre public auch gegenüber einer Rechtswahl der Parteien durchsetzt.[340]

334 *Schack* IZVR, Rn. 1288; *Sandrock* RIW 2000, 321, 322; *McGuire* SchiedsVZ 2011, 257, 258, 265f. mwN; *Münch*, MüKo-ZPO, § 1051 ZPO Rn. 14.
335 Vgl. nur Musielak/*Voit*, § 1051 Rn. 3 mwN.
336 *McGuire* SchiedsVZ 2011, 257, 258, 266.
337 *Ostendorf* SchiedsVZ 2010, 234, 237; zum Schutz des Schwächeren etwa *Junker* FS Sandrock 2000, S. 433, 463.
338 BTDr. 13/5274, 52.
339 So richtig *Schack* IZVR, Rn. 1401, 1404ff.
340 Vgl. *Schack* IZVR, Rn. 1404; gegen *McGuire* SchiedsVZ 2011, 257, 258.

aa) Eingriffsnormen und Ordre public

Vorab sind Eingriffsnormen[341] kurz vom Ordre public abzugrenzen. Beides führt zur Nichtanwendung eines regulär berufenen Rechts im konkreten Fall. Die Instrumente überschneiden sich teilweise und die Begriffe werden häufig gleichbedeutend verwendet. Doch unterscheiden sie sich in ihrer Wirkung ganz grundsätzlich: Der Ordre public funktioniert ergebnisorientiert, das heißt er richtet sich nicht gegen eine Norm oder die Funktion dieser Norm, sondern gegen ein mit »wesentlichen Grundsätzen des deutschen Rechts offensichtlich unvereinbar[es]« Ergebnis.[342] Eingriffsnormen hingegen wollen wegen ihres unbedingten Anwendungswillens das nach den allgemeinen Kollisionsregeln anwendbare Recht verdrängen. Es geht der Eingriffsnorm ebenso wenig um Inhalt oder Funktion einer fremden Norm oder eines anderen Rechts. Vielmehr will sie, ohne auf diese Fragen zu achten, – anders als der Ordre public – nicht nur im Einzelfall, sondern generell gelten[343] und die eigenen Rechtsvorstellungen durchboxen.

Zusammengefasst wirkt der Ordre public einzelfallbezogen und negativ, Eingriffsnormen hingegen generell und positiv.

bb) Kartellverbot als Eingriffsnorm

Entsprechend definiert Art. 9 Abs. 1 Rom I-VO eine Eingriffsnorm als »eine zwingende Vorschrift, deren Einhaltung von einem Staat als so entscheidend für die Wahrung seines öffentlichen Interesses, insbesondere seiner politischen, sozialen oder wirtschaftlichen Organisation, angesehen wird, dass sie ungeachtet des nach Maßgabe dieser Verordnung auf den Vertrag anzuwendenden Rechts auf alle Sachverhalte anzuwenden ist, die in ihren Anwendungsbereich fallen.« Art. 9 Abs. 2 Rom I-VO stellt die Anwendung der gesamten Verordnung unter den Vorbehalt von Eingriffsnormen des Rechts des angerufenen Gerichts (der lex fori).

Damit Art. 9 überhaupt Anwendung finden kann, muss ein staatliches Gericht, bei dem die Rom I-VO Teil der lex fori ist, zu einer Entscheidung berufen sein. Fraglich ist dann, ob und in welchem Umfang das Kartellverbot die Voraussetzungen des Art. 9 Abs. 1 Rom I-VO erfüllt, also eine Eingriffsnorm ist. Ob eine Norm als Eingriffsnorm einzuordnen ist, ist durch Auslegung zu ermitteln.

Das Kartellverbot gehört zu den Grundregeln der Marktwirtschaft Deutschlands und der EU. Es hat maßgeblichen Einfluss auf die Marktordnung, indem es den freien Wettbewerb sichert und die Eigenständigkeit des unternehmerischen

341 *Overriding mandatory provisions* oder *lois de police.*
342 BTDr. 10/504, 42.
343 Zum Ganzen ausführlich *Beulker* Eingriffsnormenproblematik, S. 48ff.

Handelns bestimmt. Damit besteht kein Zweifel, dass das Kartellverbot eine Eingriffsnorm ist.[344]

Art. 9 Rom I-VO räumt solchen Normen Vorrang ein, die einen internationalen Geltungsanspruch erheben und sich gegenüber einer abweichenden lex causae durchsetzen wollen. Damit verdrängt eine Eingriffsnorm auch das fremde nach Art. 3 Rom I-VO gewählte Recht.

Allerdings scheint in diesem Zusammenhang kritisch, dass § 1051 ZPO, anders als Art. 9 Rom I-VO, keinen ausdrücklichen Vorbehalt für Eingriffsnormen macht.[345] Gleichwohl geht der Gesetzgeber mit Recht davon aus, dass § 1051 ZPO nicht schrankenlos ist.[346] Ein deutsches Schiedsgericht wendet zunächst die deutsche lex loci arbitri an, § 1025 ZPO. In ihrem Rahmen können die Parteien nach § 1051 ZPO jedes Recht wählen. Hier kommen auch Rechtsordnungen oder Modellgesetze in Frage, die kein Kartellverbot enthalten. Trotzdem muss das Schiedsgericht wegen ihres zwingenden Anwendungswillens auch Eingriffsnormen, mithin auch das Kartellverbot, beachten. Zwar muss das nicht unmittelbar wegen Art. 5ff., 9 Rom I-VO geschehen. Eingriffsnormen sind für Schiedsrichter jedoch mittelbar beachtlich. Ein Schiedsspruch, der sich darüber hinwegsetzt, läuft Gefahr, aufgehoben, nicht anerkannt oder nicht für vollstreckbar erklärt zu werden.[347]

Problematisch bleibt aber folgende Überlegung: Wenn innerhalb der kurzen Frist des § 1059 Abs. 3 ZPO kein Aufhebungsantrag gestellt wird, bleibt der Schiedsspruch rechtskräftig, § 1055 ZPO.[348] Und selbst nach seiner Aufhebung könnte er im Ausland unter Umständen immer noch für vollstreckbar erklärt werden.[349]

cc) *Kartellverbot als Teil des Ordre public*

Art. 21 erlaubt, das von der Rom I-VO berufene Recht nicht anzuwenden, wenn dessen Anwendung mit der öffentlichen Ordnung des Staates des angerufenen Gerichts offensichtlich unvereinbar ist.

Das Kartellverbot ist Teil des europäischen und deutschen Ordre public.[350] Doch erübrigen sich vertiefte Ausführungen an dieser Stelle, weil Art. 9 Rom I-VO das Kartellverbot ohnehin als Eingriffsnorm erfasst. Diese Regelung ist

344 *Martiny*, MüKo-BGB, Art. 9 Rom I-VO Rn. 72f.; vgl. auch *Pocsay* Privates KartellR, S. 88.

345 Dazu *Schack* FS Schütze 2014, S. 511, 517; *Schack* IZVR, Rn. 1404; *Beulker* Eingriffsnormenproblematik S. 228, 352.

346 BTDr. 13/5274, 52 mit Hinweis auf Art. 34 EGBGB aF; so auch *Schack* FS Schütze 2014, S. 511, 517 Fn. 52.

347 *Schack* IZVR, Rn. 1404.

348 Sonst bräuchte man den Aufhebungsantrag nach § 1059 ZPO nicht.

349 Zu diesem Problem vgl. *Schack* IZVR, Rn. 1475ff.

350 Dazu unten S. 102ff.

spezieller als der Auffangtatbestand des Art. 21 Rom I-VO.[351] Gleiches gilt für das Verhältnis des Ordre public der lex loci arbitri zu deren Eingriffsnomen.

dd) *Keine Einschränkung wegen Rechtsmissbrauchs*

Dass Art. 3 Rom I-VO eine ungeschriebene, vom französischen Recht inspirierte Grenze des Rechtsmissbrauchs (*fraus legis*) enthalten soll, die es verbiete, Gesetze mittels Rechtswahl zu umgehen,[352] überzeugt nicht. Denn zunächst gibt es, wie *Sonnenberger* selbst erkennt, keine Hinweise auf eine solche Schranke. Ferner sind die Schranken der Eingriffsnormen und des Ordre public in Art. 9 und 21 Rom I-VO abschließend und ausreichend. *Sonnenberger* plädiert für eine enge Anwendung und meint, eine solche Schranke würde kaum praktisch bedeutsam werden. Dann kann man aber die vorhandenen gesetzlichen Bestimmungen so auslegen, dass man die wenigen Fälle, für die er meint, eine solche Ausnahme schaffen zu müssen, in den Griff bekommt.

e) Zwischenergebnis

Soweit das Mediationsverfahren als solches transparent ausgestaltet ist, findet die Rechtswahl ihre Grenzen in Art. 9, 21 Rom I-VO. Je nach Ausgestaltung der Mediation ist jedoch nicht gewährleistet, dass diese Normen dem Kartellverbot als Eingriffsnorm zur materiell-rechtlichen Geltung verhelfen. Denn die von § 1051 ZPO erlaubte Rechtswahl für Schiedsgerichte kennt einen solchen Vorbehalt nicht ausdrücklich. Dennoch sollten sie im eigenen Interesse Eingriffsnormen der lex loci arbitri oder eines dritten Rechts beachten;[353] tun sie das nicht, dann laufen sie Gefahr, dass der Schiedsspruch aufgehoben oder in Deutschland nicht für vollstreckbar erklärt wird.

Das Mediationsergebnis kann über einen Schiedsspruch mit oder ohne vereinbartem Wortlaut die Wirkung eines rechtskräftigen Urteils erlangen, §§ 1053, 1055 ZPO. Eine Vollstreckbarerklärung und Vollstreckung in Deutschland dürfte zwar bei einem Kartellverstoß scheitern. Das hindert jedoch nicht eine Vollstreckung im Ausland, wenn dort die Grenzen des Ordre public anders gezogen werden als in Deutschland. Daran ändert selbst eine Aufhebung des Schiedsspruchs in Deutschland nach § 1059 ZPO nichts.[354]

---

351 Ausführlich *Martiny*, MüKo-BGB, Art. 9 Rom I-VO Rn. 111 mwN, Art. 21 Rn. 7.

352 Ausführlich *Sonnenberger* IPRax 2011, 325, 330f.

353 *Schack* IZVR, Rn. 1404; a. A. *Czernich* RIW 2016, 701, 703f.

354 Jeder Staat beurteilt den Schiedsspruch eigenständig, selbst, wenn er im Ursprungsstaat aufgehoben wurde; vgl. *Schack* IZVR, Rn. 1475ff.; dazu unten S. 98ff.

5. Zwischenergebnis: Materiell-rechtlich umfassende Überprüfbarkeit

Streitparteien dürfen sich materiell-rechtlich nicht über sämtliche Streitfragen vergleichen. Dies gilt für die seit langem diskutierte Schiedsgerichtsbarkeit und erst recht für Vereinbarungen im Rahmen der Mediation.

Absprachen von Unternehmen im Zusammenhang mit einer Mediation sind materiell kartellrechtswidrig, wenn sie den Tatbestand des Art. 101 Abs. 1 AEUV erfüllen, mithin eine wettbewerbsbeschränkende Wirkung haben oder einen entsprechenden Zweck verfolgen. Daran ändert auch eine Rechtswahl nichts. Die Parteien können den deutschen Ordre public und die in Deutschland geltenden Eingriffsnormen, mithin das Kartellverbot als Teil des Ordre public und als Eingriffsnorm,[355] nicht abwählen. Dies stellen für Art. 3 die Art. 9, 21 Rom I-VO und für § 1051 ZPO die lex loci arbitri sicher.[356] Wer sich hier (wie *Voit*) gegen den eindeutigen gesetzgeberischen Willen[357] stellt, verkennt die inhärenten Grenzen der Parteiautonomie.

Doch auch ein rechtswidriger Schiedsspruch oder ein als Schiedsspruch getarntes Mediationsergebnis ist rechtskräftig iSv § 1055 ZPO.

Eine wirksame Durchsetzung des Kartellverbots ist daher auf nachträgliche Kontrolle angewiesen. Ob die praktisch funktioniert ist deshalb von zentraler Bedeutung, wenn kartellrechtswidrige Absprachen trotzdem getroffen worden sind.

II. Durchsetzbarkeit des Kartellverbots

Für die praktische Durchsetzung des Kartellverbots spielen nicht nur rechtliche Fragen eine Rolle, sondern auch, ob ein Verstoß überhaupt tatsächlich aufgedeckt werden kann.

1. Enforcement und die Rolle des Mediators

Sowohl hinsichtlich der öffentlich-rechtlichen als auch der privatrechtlichen Durchsetzung des Kartellverbots stellen sich zwei Fragen: Inwiefern dürfen sich Kartellbeteiligte auf ihre Verschwiegenheitspflicht als Medianten berufen? Und welche Rolle spielt der Mediator in anschließenden privat- und öffentlich-

355 So im Ergebnis auch *Horn* SchiedsVZ 2008, 209, 211.

356 Streitig; wie hier *Schack* IZVR, Rn. 1404ff.; *Münch*, MüKo-ZPO § 1051 ZPO Rn. 19 mwN; a. A. Musielak/*Voit*, § 1051 Rn. 3 mwN.

357 BTDr. 13/5274, 52.

rechtlichen Kartellverfahren? Hier sind insbesondere seine Verschwiegenheitspflichten und Zeugnisverweigerungsrechte sowie seine eigene kartellrechtliche Haftung näher zu untersuchen.

Nach einer kurzen Erläuterung der beiden Säulen der öffentlichen und privaten Durchsetzung des Kartellverbots geht es um die Rolle des Mediators in diesem System.

a) Public enforcement

Bisher war das wichtigste Instrument zur Durchsetzung des Kartellverbots das *public enforcement*, also das Vorgehen staatlicher Behörden, die gegen Unternehmen ermitteln und etwaige Verstöße ahnden. Speerspitze des *public enforcement* sind die Kartellbehörden. Ihnen stehen erhebliche Befugnisse zu, die den typischen Schwierigkeiten bei der Durchsetzung des Kartellverbots Rechnung tragen sollen.[358] So darf die Kommission nach Art. 20 Abs. 2 VO 1/2003 u.a. Räumlichkeiten betreten und versiegeln, Bücher und Geschäftsunterlagen prüfen und Kopien jeglicher Art anfertigen.

b) Private enforcement

Die Durchsetzung des Kartellverbots soll neben dem *public enforcement* zunehmend auch durch *private enforcement* erfolgen.[359] Das ist die Durchsetzung des Kartellverbots durch Private, insbesondere wenn kartellbeteiligte Unternehmen oder kartellgeschädigte Dritte auf Schadensersatz vor mitgliedstaatlichen Gerichten[360] klagen.[361]

Das unzureichende[362] *private enforcement* ist laut Kommission das zentrale Problem einer effektiven Durchsetzung des Kartellverbots.[363] Der EU-Gesetzgeber wollte diese unzureichende private Durchsetzung mit der Richtlinie 2014/104/EU[364] verbessern; Deutschland hat deren Vorgaben mit der 9. GWB-Novelle in §§ 33a ff. GWB umgesetzt.

358 Zu den Ermittlungsbefugnissen der Kommission *Dieckmann*, Handbuch KartellR, § 42 Rn. 1ff.

359 So eindeutig ErwGr. 3 Richtlinie 2014/104/EU.

360 Art. 6 VO 1/2003.

361 Zum Ganzen etwa *Bronett* Europäisches KartellverfahrensR, Art. 6 Rn. 5ff.

362 *Krüger* Öffentliche Durchsetzung, S. 88ff. einschließlich Gründe für die geringe Bedeutung; *Paul* Wettbewerbs- und RegulierungsR, S. 20.

363 Weißbuch »Schadensersatzklagen wegen Verletzung des EU-Wettbewerbsrechts« vom 2.4.2008, KOM (2008), 165, S. 2f.; *Kroes* SPEECH/07/129, 5f.

364 RL 2014/104/EU vom 26.11.2014 über bestimmte Vorschriften für Schadensersatzklagen nach nationalem Recht wegen Zuwiderhandlungen gegen wettbewerbsrechtliche Bestimmungen der Mitgliedstaaten und der Europäischen Union, ABl. L 349/1.

c) Verschwiegenheitspflicht und Zeugnisverweigerungsrechte

Ob und inwieweit sich das Kartellverbot bei einem potenziellen Verstoß durchsetzen kann, hängt entscheidend mit den Verschwiegenheitspflichten und Zeugnisverweigerungsrechten zusammen.

Zeugnisverweigerungsrechte sollen ein Dilemma lösen: Im Grundsatz sind Zeugen nach §§ 380, 390 ZPO vor Gericht zur Aussage verpflichtet. Ferner fingiert § 138 Abs. 3 ZPO das Zugeständnis einer Partei, die den Tatsachenvortrag der gegnerischen Partei nicht bestreitet. Wenn die Partei hingegen bestreitet, greift die prozessuale Wahrheitspflicht des § 138 Abs. 1 ZPO. Wenn sie verhindern wollen, dass bestimmte Informationen nicht in die Öffentlichkeit gelangen, müssten die Zeugen oder Parteien also vor Gericht unwahr aussagen.

In dieser Situation sollen Zeugnisverweigerungsrechte besondere private oder berufliche Verhältnisse schützen.[365] Ein solcher Schutz ist etwa zwischen Rechtsanwälten und ihren Mandanten oder zwischen Psychologen und ihren Patienten nötig. Diese Verhältnisse basieren auf besonderem Vertrauen und funktionieren nur, wenn die Betroffenen davon ausgehen können, dass es auch auf behördliche oder richterliche Nachfrage vertraulich bleibt.[366]

Dieses Dilemma besteht auch bei Mediatoren und Medianten als etwaige Zeugen in späteren Verfahren. Deshalb erlegt § 4 MediationsG nicht nur den Parteien, sondern auch dem Mediator eine Pflicht zur Verschwiegenheit auf. Wie weit diese Pflicht geht und ob damit insbesondere auch solche Informationen vorenthalten werden können oder gar müssen, die im Zusammenhang mit einem etwaigen Kartellrechtsverstoß stehen,[367] soll im folgenden Abschnitt geklärt werden.

aa) Umfang der Verschwiegenheitspflicht in § 4 MediationsG

Grundsätzlich dürfen die Teilnehmer eines Mediationsverfahrens nach § 4 MediationsG keine das Verfahren betreffenden Informationen an Dritte weitergeben. Die Beteiligten erwarten, dass im Mediationsverfahren preisgegebene Informationen keinen Eingang in anschließende Verfahren vor einem staatlichen oder Schiedsgericht finden.[368] Diese Erwartung können die Medianten abbedingen, etwa bei Med-Arb-Verfahren.[369] Doch führt die Verschwiegenheitspflicht in aller Regel dazu, dass kartellverdächtige Absprachen im Ge-

365 Bei der Parteivernehmung des Gegners flexibler über § 446 ZPO.
366 *Damrau*, MüKo-ZPO, § 383 ZPO Rn. 1ff.
367 Vor Inkrafttreten des MediationsG, dennoch ausführlich *Oldenbruch* Vertraulichkeit, 2006.
368 *Goltermann*, Klowait/Gläßer, Teil 2 § 4 Rn. 2 mwN.
369 Vgl. dazu oben S. 52ff.

wande einer Mediation geheim bleiben und dem *public enforcement*[370] entzogen werden.[371]

bb) Verhältnis zu sonstigen Zeugnisverweigerungsrechten

§ 4 MediationsG normiert eine Verschwiegenheits*pflicht*, die über die Vorgaben der Mediations-RL hinausgeht.[372] Fraglich ist, ob dem Mediator auch ein Zeugnisverweigerungs*recht* in Zivil-, Straf- und Ordnungswidrigkeitsverfahren zusteht.[373]

Die Verschwiegenheitspflicht macht nur Sinn, wenn sie auch ein Zeugnisverweigerungsrecht im Zivilprozess nach sich zieht.[374] Dieses Zeugnisverweigerungsrecht ergibt sich mittlerweile aus § 383 Abs. 1 Nr. 6 ZPO.[375] Den anwaltlichen Mediator muss man wegen § 2 Abs. 2 BRAO als Inhaber eines privatrechtlichen Amtes begreifen, für die übrigen Mediatoren ist ein auf ihrem Gewerbe beruhendes Zeugnisverweigerungsrecht anzunehmen.[376] Eine Gewinnerzielungsabsicht ist hierfür nicht Voraussetzung.[377]

Die Verschwiegenheitspflicht greift nur für Informationen, die der Mediator »in Ausübung der Tätigkeit« erlangt hat. Gespräche vorab fallen nicht unter § 4 MediationsG.[378] Die Pflicht zur Verschwiegenheit greift also nicht, wenn der Mediator den Kartellverstoß mitbekommt, bevor die Parteien ihn beauftragt haben.

Zu ergänzen ist, dass § 142 Abs. 2 S. 1 ZPO dem Mediator ferner erlaubt, sich einer Anordnung zur Vorlage schriftlicher Unterlagen unter Berufung auf sein Zeugnisverweigerungsrecht zu widersetzen.

cc) Problem: »Flucht in die Mediation«

In diesem Zusammenhang fällt oft der Begriff »Flucht in die Mediation«: Die Parteien bringen bestimmte Informationen gezielt in ein Mediationsverfahren ein, um sich in anschließenden Verfahren auf die Vertraulichkeit dieser Information zu berufen. In der bisherigen Literatur ist überwiegend nur der Fall

370 Vgl. dazu oben S. 88.

371 Zum gleichgelagerten Problem bei offenbarten Straftaten vgl. *Goltermann*, Klowait/Gläßer, Teil 2 § 4 Rn. 4 mwN.

372 Dazu *Goltermann*, Klowait/Gläßer, Teil 2 § 4 Rn. 7 mwN.

373 Dazu *Schlosser* FS Schütze 2014, S. 519ff.

374 BTDr. 17/5335, 11, 17; *Greger*/Unberath/Steffek, B § 4 Rn. 26.

375 *Berger*, Stein/Jonas, § 383 Rn. 52; *Greger*, Zöller-ZPO, § 383 Rn. 20.

376 *Schlosser* FS Schütze 2014, S. 519, 523.

377 *Greger*/Unberath/Steffek, B § 4 Rn. 26. Mit der Vorstellung des Gesetzgebers in BTDr. 17/5335, 11, 17 und dem Zweck des § 4 MediationsG unvereinbar ist die a. A. *Goltermann*, Klowait/Gläßer, Teil 2 § 4 Rn. 9; *Oldenbruch* Vertraulichkeit, S. 97; *Hartmann*, Handbuch Mediation, § 28 Rn. 48.

378 *Goltermann*, Klowait/Gläßer, Teil 2 § 4 Rn. 36.

diskutiert worden, dass *eine* Partei zu ihren Gunsten in die Mediation »flüchtet«.[379] Doch wird das Problem auch dann virulent, wenn Parteien ein Mediationsverfahren durchführen, damit der Mediator und die Parteien selbst nicht zum Kartellverstoß aussagen dürfen.

Soweit das Verhalten die andere Partei schädigt, kommt bei besonders intensiver »Flucht« durch Einstreuen von etwaigen Beweismitteln, ein Anspruch aus § 826 BGB in Betracht.[380] *Gerhard Wagner*[381] plädiert für eine Auslegung des Vertraulichkeitsschutzes dahingehend, dass es einer Partei nie verwehrt sein darf, für die eigene Rechtsposition vorteilhafte Tatsachen in den Prozess einzuführen. Damit liefe die Verschwiegenheit allerdings weitgehend leer. Außerdem übersieht *Wagner*, dass seine Auslegung nicht hilft, wenn – wie im Fall eines Kartellverstoßes – *beide* Parteien daran interessiert sind, Beweise zu vertuschen, oder wenn es dem Mediator verwehrt ist, im Schadensersatzprozess als Zeuge auszusagen.

Insofern ist die Verschwiegenheitspflicht des Mediators bei einer Kollusion der Parteien besonders problematisch. Hier bleibt nur, vertragliche Verschwiegenheitspflichten mit § 138 BGB und gesetzliche Pflichten der Parteien und des Mediators mithilfe des Ordre public[382] zu beschneiden.

dd) *Kein Zeugnisverweigerungsrecht für das Bußgeldverfahren*

Für das Bußgeldverfahren verweist § 46 Abs. 1 OWiG auf die StPO und damit auf das strafprozessuale Zeugnisverweigerungsrecht in § 53 StPO. Anders als § 383 ZPO knüpft § 53 StPO das Zeugnisverweigerungsrecht an klar definierte Berufsbilder.[383] Insofern sind Rechtsanwälte als Mediatoren berufsrechtlich geschützt, § 53 Abs. 1 Nr. 3 StPO. Die im Übrigen aufgelisteten Berufsbilder sind indes nicht typisch für Mediatoren. Der Mediator ist auch keine mitwirkende Person iSv § 53a StPO.[384]

ee) *Kein Anwaltsprivileg für Mediatoren*

Die Rechtsprechung privilegiert Rechtsgutachten und Einschätzungen insofern, als die EU-Kommission etwa die Korrespondenz zwischen einem Unternehmen und seinem Anwalt nicht einsehen darf.[385] Ein Mandant soll auch kartell-

379 *Ewert* Grenzüberschreitende Mediation, S. 199f., 230 spricht die Frage an, durchdringt sie aber nicht.
380 *Hofmann* SchiedsVZ 2011, 148, 151.
381 *Wagner* ZKM 2011, 164, 166.
382 Dazu unten S. 101ff.
383 Vgl. BVerfGE 33, 367, 374f. = NJW 1972, 2214.
384 BGH NJW 2018, 1095 Tz. 28.
385 *Legal professional privilege*; EUGH Rs. C-155/79, EU:C:1982:157 = NJW 1983, 503 Tz. 21 – *AM&S*; zur Herleitung ausführlich *Schwartz* Kartellgehilfen, S. 248ff.

rechtsrelevante Sachverhalte vollumfänglich seinem Rechtsanwalt schildern können, ohne Gefahr zu laufen, dass die Kartellbehörden diese schriftliche Fixierung seiner Schilderung gegen ihn verwenden.[386] Fraglich ist, ob sich dieses Privileg auf Mediatoren, ihre Korrespondenz mit den Medianten und die im Mediationsverfahren relevanten Dokumente übertragen lässt.

Die Rechtsprechung knüpft dieses sogenannte Anwaltsprivileg an zwei Voraussetzungen: Der Schriftverkehr muss mit einem unabhängigen Anwalt geführt werden und im Rahmen der Verteidigung und Beratung im Interesse des Mandanten erfolgen. Dies erfordert, dass der Anwalt organisatorisch, hierarchisch und funktional nicht vom betreffenden Unternehmen abhängig ist;[387] Syndikusanwälte können sich deshalb auf das Anwaltsprivileg nicht berufen.[388]

Beide Voraussetzungen treffen auf die Mediation nicht zu: Auch der anwaltliche Mediator ist kein unabhängiger Anwalt in diesem Sinne; insbesondere jedoch erfolgt ein Mediationsverfahren nicht, um den oder die Medianten zu verteidigen. Ein »Mediatorenprivileg« ist daher abzulehnen.

ff) Ordre public-Ausnahme von der Verschwiegenheitspflicht

Die wichtigste Ausnahme von der Verschwiegenheitspflicht macht § 4 S. 3 Nr. 2 MediationsG, »soweit die Offenlegung aus vorrangigen Gründen der öffentlichen Ordnung (Ordre public) geboten ist, insbesondere um eine Gefährdung des Wohles eines Kindes oder eine schwerwiegende Beeinträchtigung der physischen oder psychischen Integrität einer Person abzuwenden«. An dieser Stelle genügt die Feststellung, dass die Norm verlangt, etwaige Ordre public-Verstöße durch Verletzung des Kartellverbots zu prüfen. Ob und wann Verstöße gegen das Kartellverbot auch den Ordre public verletzen, soll an dieser Stelle dahinstehen.[389]

Zusätzlich verlangt § 4 S. 3 Nr. 2 MediationsG, dass die Offenlegung der fraglichen Tatsache geboten ist. Geboten soll die Offenlegung nur sein, »wenn sich die jeweilige Beeinträchtigung auf andere Weise als durch Offenbarung nicht abwenden lässt, insbesondere wenn die Mediation nicht zu einer effektiven und endgültigen Beendigung des Zustands führt.«[390] Der Gesetzeswortlaut wie die Materialien zeigen deutlich, dass der Gesetzgeber vor allem das Kindeswohl vor Augen hatte. Dennoch ist die Norm auch auf Kartellverbotsverstöße anzuwenden. Bei ihnen ist auch das Kriterium der Gebotenheit regelmäßig zu bejahen. Denn die Verschwiegenheitspflicht greift nur, wenn der Mediator Infor-

386 *Schubert* Legal privilege, S. 172ff.

387 *Van der Hout/Seitz*, Berg/Mäsch, vor Art. 17 VO 1/2003 Rn. 43.

388 EUGH Rs. C-550/07 P, EU:C:2010:512 = NJW 2010, 3557 – *Akzo Nobel*; dazu ausführlich *Seitz* EuZW 2010, 524ff.

389 Dazu unten S. 102ff.

390 BTDr. 17/5335, 17.

mationen »in Ausübung der Tätigkeit« erlangt hat, sich der Kartellverstoß also gerade während des Verfahrens gezeigt hat.

gg) *Zwischenergebnis*

Der Mediator ist gesetzlich zur Verschwiegenheit verpflichtet. Daraus folgt ein Zeugnisverweigerungsrecht für den Zivilprozess. Der Ordre public[391] begrenzt beides.

Für das Straf- und damit das Ordnungswidrigkeitsrecht lässt sich ein Zeugnisverweigerungsrecht des Mediators nicht feststellen. Er kann mithin die Aussage vor Kartellbehörden nicht verweigern. Deshalb sollten geschädigte Dritte die Möglichkeit nutzen, den Verstoß durch die Kartellbehörden ermitteln und feststellen zu lassen. Denn ein Mediatorenprivileg gibt es beim *public enforcement* nicht und die behördliche Entscheidung bindet die Gerichte, § 33b GWB.

Einer »Flucht in die Mediation« und der Verschwiegenheitspflicht der Parteien lässt sich nur mit § 138 BGB und dem Ordre public begegnen.

2. Durchsetzbarkeit bei der Vollstreckung

Es ist davon auszugehen, dass die Medianten das einvernehmlich gefundene Ergebnis der Mediation respektieren und eventuell übernommene Verpflichtungen erfüllen werden.[392] Gleichwohl ist nicht auszuschließen, dass die Bereitschaft zur Erfüllung etwa durch äußere Einflüsse, Zeitablauf, Insolvenz oder durch geänderte Rechtsansichten einer Partei gesunken ist oder den Parteien ihr eigener Verstoß nicht bewusst ist.[393] Der getroffene Vergleich bindet zwar die Parteien, wenn er nicht wegen eines Kartellverstoßes nach Art. 101 Abs. 2 AEUV nichtig ist. Doch benötigt man staatliche Hilfe, wenn ein Vertragspartner vertragsbrüchig wird. Daher ist zu untersuchen, welche Vollstreckungsmöglichkeiten den Medianten zur Durchsetzung ihres Mediationsergebnisses zur Verfügung stehen.

Festzuhalten ist, dass Schiedssprüche schlichten Mediationsergebnissen und im Übrigen auch staatlichen Urteilen insoweit deutlich voraus sind. Denn das UNÜ ermöglicht eine Vollstreckung von Schiedssprüchen nahezu weltweit und auf recht einfache Weise.[394] Deshalb wird im Folgenden auch eine Vollstreckung

391 Dazu ausführlich unten S. 101ff.

392 Die gleichgelagerte Annahme bei Schiedssprüchen lässt sich im Erst-recht-Schluss auf die Mediation übertragen, *Ochmann* GRUR 1993, 255, 259.

393 So auch *Hutner* IPR Wirtschaftsmediation, S. 242; vgl. auch *Raiser* BB 1977, 1461, 1466 für Vergleiche allgemein.

394 *Schack* IZVR, Rn. 1296ff., ausführlich Rn. 1439ff.

des Mediationsergebnisses als echter und getarnter Schiedsspruch, insbesondere in der Form des Schiedsspruchs mit vereinbartem Wortlaut, diskutiert.[395]

a) Titulierungsmöglichkeiten und staatliche Kontrolle

Ob und wie für vollstreckbar erklärte Mediationsergebnisse in anderen Mitgliedstaaten anerkannt werden, klärt die Mediations-RL leider nicht; doch deutet ihr Erwägungsgrund 20 an, dass hierfür die EuGVO[396] oder die EuEheVO[397] anzuwenden sein soll.[398]

Im Folgenden werden deshalb alle Möglichkeiten geprüft, das Ergebnis einer durchgeführten Mediation zu vollstrecken. Neben den in der ZPO vorgesehenen Instrumenten sollen auch andere Wege aufgezeigt werden. Dabei wird – auch wegen der oben festgestellten Missbrauchsgefahr der Verfahrenskombinationen – besonderes Augenmerk darauf gelegt, wie sich schiedsrechtliche Instrumente zur Vollstreckung von Mediationsergebnissen nutzen lassen.

Bei den erörterten Titulierungsmöglichkeiten geht es immer auch darum, ob sie dem Kartellverbot zur wirksamen Geltung verhelfen können.

aa) Gescheiterte Einführung eines § 796d ZPO

Der Regierungsentwurf des MediationsG hatte noch eine eigenständige Norm vorgesehen, um das Mediationsergebnis in Form der Abschlusserklärung für vollstreckbar erklären zu lassen. Der Entwurf eines § 796d Abs. 1 S. 1 ZPO lautete: »Eine in einer Mediation geschlossene Vereinbarung wird auf schriftlichen Antrag aller Parteien oder auf Antrag einer Partei mit ausdrücklicher Zustimmung der anderen Parteien in Verwahrung genommen und für vollstreckbar erklärt.«[399]

Dadurch wäre es möglich gewesen, die Abschlusserklärung auf Antrag aller Parteien ohne Überprüfung von einem Notar oder Gericht für vollstreckbar erklären zu lassen.[400] Zwar sah der Entwurf in Abs. 2 S. 4 vor, dass die »Voll-

395 Zur grundsätzlichen Möglichkeit und Einschränkungen *Schmidt* Verwertungsverbot, S. 20f.

396 Verordnung (EU) Nr. 1215/2012 des Europäischen Parlaments und des Rates vom 12.12.2012 über die gerichtliche Zuständigkeit und die Anerkennung und Vollstreckung von Entscheidungen in Zivil- und Handelssachen, ABl. L 351, 1, zuletzt geändert durch VO EU 2015/281 vom 26.11.2014, ABl. L 54.

397 Verordnung (EG) Nr. 2201/2003 des Rates vom 27.11.2003 über die Zuständigkeit und die Anerkennung und Vollstreckung von Entscheidungen in Ehesachen und in Verfahren betreffend die elterliche Verantwortung, ABl. L 338, 1, ber. 2016 L 99, 34, zuletzt geändert durch ÄndVO (EG) Nr. 2116/2004 vom 2.12.2004, ABl. L 367, 1.

398 *Schack* IZVR, Rn. 1261.

399 BTDr. 17/5335, 7.

400 *Kreissl* SchiedsVZ 2012, 230, 243; RegE MediationsG, BTDr. 17/5335, 7.

streckbarerklärung abzulehnen [ist], wenn die Vereinbarung unwirksam ist.« Das wäre bei einem Kartellverstoß etwa nach Art. 101 Abs. 2 AEUV der Fall. Doch war eine vollinhaltliche Prüfung nicht geplant, sodass die praktische Wirksamkeit dieser Prüfung eingeschränkt gewesen wäre.

Die Bundesregierung hält nach einem Bericht vom 20.7.2017 auch weiterhin eine Sondernorm für die Vollstreckbarerklärung der Abschlusserklärung für unnötig.[401] Der im parlamentarischen Verfahren gestrichene § 796d ZPO sei einem Anwaltsvergleich nicht gleichwertig. Schließlich könnten die bestehenden rechtlichen Regelungen den Anwendungsbereich dieser verworfenen Norm auffangen.

bb) Anwaltsvergleich, § 796a ZPO

Gemäß § 796a Abs. 1 ZPO können die Parteien ihr Mediationsergebnis vollstreckbar machen, indem Rechtsanwälte im Namen und mit Vollmacht der von ihnen vertretenen Parteien den Vergleich schließen.[402] Der Schuldner muss sich im Vergleich der sofortigen Vollstreckung unterwerfen.[403] Außerdem muss der Vergleich unter Angabe des Tages seines Zustandekommens bei einem Amtsgericht hinterlegt werden, bei dem eine der Parteien im Zeitpunkt des Vergleichsabschlusses ihren allgemeinen Gerichtsstand hat.

Ein Anwaltsvergleich setzt ferner voraus, dass sich die Parteien tatsächlich gestritten haben, mindestens jedoch, dass sie die Ungewissheit eines Rechtsverhältnisses im Wege gegenseitigen Nachgebens beseitigt haben (§ 779 BGB).[404] Die praktische Relevanz dieser Voraussetzung ist gering, denn das Gericht prüft die Voraussetzungen des § 779 BGB nur auf Rüge.[405]

Auch eignet sich nicht jeder Vergleich für die Vollstreckbarerklärung gemäß § 796a Abs. 1 ZPO, etwa weil die getroffene Vereinbarung eine sofortige Unterwerfung nicht erlaubt oder der Anspruch nicht exakt bezeichnet werden kann.[406] Ungeachtet dieser Einschränkungen ermöglicht die Norm es den Mediationsparteien, ihr Ergebnis für vollstreckbar erklären zu lassen.

Beachtenswert ist § 796a Abs. 3 ZPO, wonach die »Vollstreckbarerklärung [...] abzulehnen [ist], wenn der Vergleich unwirksam ist oder seine Anerkennung gegen die öffentliche Ordnung verstoßen würde.«[407] Doch prüft das Gericht, bei dem der Anwaltsvergleich niedergelegt wird, ausschließlich, ob es sich

401 BTDr. 18/13178, 6, 181f.
402 Klowait/*Gläßer*, Teil 2 § 2 Rn. 312ff.
403 Ausführlich *Veeser* Anwaltsvergleich, S. 102ff.
404 Ausführlich *Veeser* Anwaltsvergleich, S. 69ff.
405 *Veeser* Anwaltsvergleich, S. 194.
406 Sog. Bezeichnungsmaxime, vgl. *Wolfsteiner*, MüKo-ZPO, § 794 ZPO Rn. 197.
407 Dazu, inwiefern Kartellverstöße diese Voraussetzungen erfüllen, unten S. 101ff.

nach dem äußeren Anschein um einen Anwaltsvergleich handelt und ob die sonstigen Formerfordernisse eingehalten sind.[408]

Wagner weist für den Normalfall darauf hin, dass ein Anwaltsvergleich den Weg zum Prozessgericht oder Notar nicht erspart, sodass die kumulierten Kosten dieser Stellen und der Anwälte viele Parteien abschrecken.[409] Doch dürfte dieses Argument kartellierende Medianten weniger stark beeindrucken.

Für vollstreckbar erklärte Anwaltsvergleiche gewährleistet Art. 58 EuGVO Titelfreizügigkeit.[410] Dabei ist »öffentliche Urkunde« in diesem Sinne nur die Vollstreckbarerklärung, nicht der Vergleich selbst.[411] Sobald ein Anwaltsvergleich im Ursprungsstaat mithin für vollstreckbar erklärt wurde, ist er es automatisch auch in allen anderen Mitgliedstaaten. Doch gilt auch hier die Grenze des Ordre public, wenngleich mit einer höheren Hürde: Gemäß Art. 58 Abs. 1 S. 2 EuGVO darf die Zwangsvollstreckung nur versagt werden, wenn sie der öffentlichen Ordnung *offensichtlich* widersprechen würde.

cc) Notarielle Vollstreckbarerklärung, § 796c ZPO

Ein weiterer Weg für Medianten, das Mediationsergebnis zu titulieren, führt über die notarielle Vollstreckbarerklärung nach § 796c ZPO.[412] Der Notar übt insofern Rechtsprechung aus.[413] Der Prüfungsumfang entspricht einer gerichtlichen Entscheidung.[414] Er beschränkt sich darauf, ob die Anforderungen in § 796a Abs. 1, 2 ZPO erfüllt sind oder ob die Vollstreckbarerklärung gemäß Abs. 3 zu versagen ist.

Die notarielle Urkunde genießt dann Freizügigkeit innerhalb der EU, Art. 58 EuGVO.

dd) Urkundenprozess, §§ 592ff. ZPO

Der Urkundenprozess nach §§ 592ff. ZPO beschleunigt die Erlangung eines Vollstreckungstitels.[415] Soweit die Parteien kartellverbotswidrige Verpflichtungen aus dem Mediationsverfahren als Urkunde festgehalten haben, könnten sie auf dieser Basis einen Urkundenprozess führen.[416] Allerdings ist der praktische Anwendungsbereich des Urkundenprozesses eingeschränkt: Er erlaubt nur, Ansprüche auf Zahlung einer Geldsumme oder Leistung einer bestimmten

408 *Wolfsteiner*, MüKo-ZPO, § 796a ZPO Rn. 10.
409 *Wagner* ZKM 2012, 110, 111.
410 *Schack* IZVR, Rn. 912.
411 *Cimmino* UNICTRAL-Modellgesetz, S. 293.
412 Klowait/*Gläßer*, Teil 2 § 2 Rn. 312ff.
413 Ausführlich *Veeser* Anwaltsvergleich, S. 33ff.
414 *Wolfsteiner*, MüKo-ZPO, § 796c ZPO Rn. 6.
415 *Wolfsteiner*, MüKo-ZPO, § 796c ZPO Rn. 5.
416 *Greger*, Trenczek/Berning/Lenz/Will, S. 483, Rn. 38.

Menge anderer vertretbarer Sachen oder Wertpapiere geltend zu machen, § 592 S. 1 ZPO. Der Begriff der Urkunde entspricht dem in §§ 415ff. ZPO, wobei die Frage, ob die Urkunde beweisgeeignet ist, der freien Beweiswürdigung des Gerichts unterliegt.[417]

Theoretisch ist es möglich, auf diesem Wege einen Titel zu erlangen, der auf der kartellverbotswidrigen Absprache beruht. Doch wäre dies nur nötig, wenn der andere Kartellbeteiligte sich weigert, die vereinbarte Leistung zu erbringen. Dann aber wird dieser sich dagegen auch im Urkundenprozess wehren. Spätestens[418] dann müssten die Urkunden vorgelegt[419] und der Kartellverstoß damit offengelegt werden. Das macht den Urkundenprozess hier deshalb zweckuntauglich.

ee) Vollstreckung als Schiedsspruch (mit vereinbartem Wortlaut)

Gut lässt sich das Instrument des Schiedsspruchs dazu nutzen, um das Mediationsergebnis zu vollstrecken.[420] Zu untersuchen ist, welcher staatlichen Kontrolle Schiedssprüche mit und ohne vereinbartem Wortlaut unterliegen.

Der Schiedsspruch ist die den Streit beendende Entscheidung des Schiedsgerichts, § 1056 Abs. 1, 3 ZPO. §§ 1051ff. ZPO regeln, wie er zustande kommen kann und wie er wirkt.[421] Rechtsmittel sieht das Gesetz nicht vor. Der Schiedsspruch wirkt unmittelbar wie ein rechtskräftiges Urteil, § 1055 ZPO.

Grundsätzlich hat ein Mediationsverfahren nicht zum Ziel, mit einem Schiedsspruch beendet zu werden. Denn es zielt auf eine einvernehmliche Lösung und nicht auf die Entscheidung eines Dritten ab. Im besten und für das Kartellverbot schlechtesten Fall ist eine Zwangsvollstreckung unnötig. Dass sie aber erforderlich werden kann, zeigt schon die Vorgabe von Art. 6 Abs. 1 S. 1 Mediations-RL. Wie oben ausgeführt, steht den Mitgliedstaaten die Art und Weise der Durchsetzung frei. Für ein Verbot, die Instrumente der Schiedsgerichtsbarkeit zu nutzen, sind keine Gründe ersichtlich. Insofern steht einer Kombination aus Mediation und Schiedsgerichtsbarkeit nichts im Weg.[422] Denkbar ist, dass die Parteien ihr Mediationsverfahren tarnen, um in den Genuss der Wirkungen eines Schiedsspruchs zu kommen.[423]

Gerade Schiedssprüche mit vereinbartem Wortlaut[424] nach § 1053 Abs. 1 ZPO

---

417 *Wolfsteiner*, MüKo-ZPO, § 796c ZPO Rn. 16.

418 *Braun*, Müko-ZPO, § 592 ZPO Rn. 13 verlangt die Vorlage der Urkunden entgegen ständiger Rechtsprechung sogar, wenn der Beklagte nicht bestreitet.

419 BGHZ 173, 366 Tz. 13 verlangt die Vorlage nach Bestreiten.

420 *Höttler* Das fingierte Schiedsverfahren, S. 60.

421 Dazu *Schack* IZVR, Rn. 1415ff.

422 Dazu oben S. 53ff.

423 Ähnlich *Eidenmüller* RIW 2002, 1, 6.

424 Der etwas holprige Name erklärt sich mit dem New Yorker UN-Übereinkommen von 1958, das keine Schiedsvergleiche kennt. Um die internationale Vollstreckbarkeit auch für

sind eine effektive Möglichkeit, einen (Mediations-)Vergleich vollstreckbar zu machen.[425] Die Regelung erlaubt es, das Verfahren zu beenden[426] und einen Schiedsspruch zu erhalten, dessen Wortlaut der Vergleich vorgibt. Die Streitparteien können ihr Mediationsverfahren so ausgestalten, dass der neutrale Dritte am Ende des Verfahrens zum Schiedsrichter wird, das Verfahren aber beenden muss, weil die ursprünglichen Mediations- und späteren Schiedsparteien sich vergleichen. So haben die Parteien den exakten Ausgang des Verfahrens im Griff. Das ist nicht unproblematisch, weil auch der Schiedsspruch mit vereinbartem Wortlaut wie jeder andere Schiedsspruch wie ein rechtskräftiges Urteil wirkt, § 1053 Abs. 3 S. 2 ZPO. Immerhin beugt dem § 1053 Abs. 1 S. 2 ZPO insofern vor, als der Schiedsrichter den Vergleich nicht festhalten darf, wenn er erkennt, dass der Inhalt des Vergleichs gegen den deutschen[427] Ordre public[428] verstößt.

§ 1062 ZPO bestimmt abschließend die Möglichkeiten staatlicher Gerichte, im Zusammenhang mit einem Schiedsverfahren tätig zu werden.[429] Wichtig sind hier insbesondere der Antrag auf Aufhebung des Schiedsspruchs nach § 1059 ZPO, die Vollstreckbarerklärung nach § 1060 ZPO sowie die Anerkennung ausländischer Schiedssprüche nach § 1061 ZPO. Andere als die im zehnten Buch der ZPO geregelten Befugnisse zur Mitwirkung stehen den staatlichen Gerichten in Schiedsverfahren nicht zu, § 1026 ZPO.

(1) Aufhebungsantrag, § 1059 ZPO

§ 1059 ZPO sieht auf Antrag die gerichtliche Aufhebung eines Schiedsspruchs vor. Der Aufhebungsantrag kann nur gestellt werden, solange der Schiedsspruch noch nicht für vollstreckbar erklärt worden ist, § 1059 Abs. 3 S. 4 ZPO.

Vorliegend relevant ist § 1059 Abs. 2 Nr. 2 lit. b ZPO, wonach das Gericht den Schiedsspruch aufheben kann, wenn es feststellt, »dass die Anerkennung oder Vollstreckung des Schiedsspruchs zu einem Ergebnis führt, das der öffentlichen Ordnung (Ordre public) widerspricht.«

Schiedsvergleiche zu sichern, hat sich der deutsche Gesetzgeber für diese Formulierung entschieden; vgl. *Schroeter* SchiedsVZ 2006, 298, 299.

425 *Schmidt* Verwertungsverbot, S. 102; für den Vergleich generell *Schack* IZVR, Rn. 1419. Zu Problemen und Bedenken hinsichtlich des »Mediationsschiedsspruchs« *Ewert* Grenzüberschreitende Mediation, S. 154ff.; vgl. auch *Lörcher* DB 1999, 789f.

426 Nicht zwangsläufig durch Vergleich im Sinne des § 779 BGB; *Schütze* Schiedsgericht und Schiedsverfahren, Rn. 582; a. A. *Bilda* DB 2004, 171, 174.

427 *Mankowski* ZZP 114 (2001), 37, 67.

428 *Mankowski* ZZP 114 (2001), 37, 44ff. sieht unterschiedliche Ordre public-Begriffe in der Rechtsordnung, darunter auch in § 1053 Abs. 1 S. 2 und § 1059 Abs. 2 Nr. 2 lit. b ZPO, die vorliegend wegen des Kartellrechts als unstreitigem Teil des Ordre public nicht zu behandeln sind; a. A. *Schütze* Schiedsgericht und Schiedsverfahren, Rn. 584; mit Recht differenzierend *Schack* IZVR, Rn. 1461ff.

429 *Schack* IZVR, Rn. 1293.

Antragsberechtigt ist, wer durch den Schiedsspruch beschwert ist; das sind in der Regel die Parteien, aber auch von einer Rechtskrafterstreckung erfasste Dritte.[430] Fraglich ist, ob auch solche Personen beschwert sein können, die am Schiedsverfahren nicht direkt beteiligt waren, gleichwohl aber von den wettbewerbsbeschränkenden Wirkungen des Schiedsspruchs betroffen sind. Dieselbe Frage stellt sich für den Mediator. Würde man bei Dritten und dem Mediator keine Beschwer annehmen, könnten nur die kartellierenden Schiedsparteien bzw. Medianten die Aufhebung nach § 1059 ZPO beantragen, woran diese in aller Regel kein Interesse haben.

Hier ist zu differenzieren: Für die Antragsberechtigung kann nicht jede Beschwer genügen. So muss man Kartellgeschädigten, obwohl ihnen Schadensersatzansprüche zustehen könnten, die Antragsberechtigung versagen. Die Gefahr, dass diese den Schiedsspruch torpedieren, ist zwar nicht sonderlich hoch, denn wegen der Vertraulichkeit werden sie kaum von der Existenz oder gar vom Inhalt des Schiedsspruchs erfahren. Gleichwohl sind die Schiedsparteien insofern schutzwürdig, als nicht jede Behauptung eines Kartellverstoßes potenziell zur Aufhebung oder auch nur zu einem Aufhebungsverfahren führen darf. Soweit aber einem Verfahrensbeteiligten eine eigene kartellrechtliche Haftung droht,[431] muss man ihm die Berechtigung für den Antrag nach § 1059 ZPO zugestehen, damit er einen Kartellverstoß rügen kann.

Die Frist für den Antrag beträgt grundsätzlich drei Monate, gerechnet ab Zustellung des Schiedsspruchs, § 1059 Abs. 3 S. 1, 2 ZPO; doch können die Parteien hiervon vertraglich abweichen. Da es keine Wiedereinsetzung gibt und der Ausschluss endgültig ist,[432] könnten kartellierende Schiedsparteien damit einen Aufhebungsantrag faktisch ausschließen, indem sie die Frist auf null verkürzen.

Dem ist im Falle eines Kartellverbotsverstoßes insofern beizukommen, als eine solche Abmachung nach Art. 101 Abs. 2 AEUV nichtig ist. Vertragliche Abmachungen, die Dritten die Antragsmöglichkeit abschneiden, wären als Vertrag zulasten Dritter nichtig. Theoretisch denkbar wäre auch, dass die Parteien möglichst schnell die Vollstreckbarerklärung nach § 1060 ZPO beantragen, um den Aufhebungsantrag wegen § 1059 Abs. 3 S. 4 ZPO faktisch auszuschließen. Doch würden sie sich damit der staatlichen Kontrolle aussetzen, was sie bei wissentlich begangenen Kartellverstößen gerade vermeiden wollen.

---

430 *Geimer*, Zöller-ZPO, § 1059 Rn. 3; *Schlosser*, Stein/Jonas, § 1059 Rn. 5.

431 Dazu, ob und unter welchen Voraussetzungen der Mediator eigenständig kartellrechtlich haftet, s. unten S. 123ff.

432 *Münch*, MüKo-ZPO, § 1059 ZPO Rn. 58.

(2) *Anerkennung und Vollstreckbarerklärung in- und ausländischer Schiedssprüche, §§ 1060, 1061 ZPO*

Ein Schiedsspruch hat gemäß § 1055 ZPO die Wirkung eines rechtskräftigen Urteils. Soll der Schiedsspruch vollstreckbar werden, muss ein staatliches Gericht ihn gemäß § 1060 Abs. 1 ZPO für vollstreckbar erklären. Denn Vollstreckungstitel ist nur die Vollstreckbarerklärung, § 794 Abs. 1 Nr. 4a ZPO. Das Gericht muss den Antrag gemäß § 1060 Abs. 2 S. 1 ZPO ablehnen, wenn ein Aufhebungsgrund nach § 1059 Abs. 2 ZPO vorliegt. Die Kontrolle darf nicht über die dort genannten Gründe hinausgehen; teilweise ordnet § 1060 Abs. 2 S. 2 ZPO eine Präklusion der Ablehnungsgründe an, wenn ein Antrag nach § 1059 ZPO rechtskräftig abgewiesen wurde.[433] Verglichen mit Urteilen staatlicher Gerichte werden ausländische Schiedssprüche erheblich leichter anerkannt und vollstreckt. § 1061 Abs. 1 S. 1 ZPO verweist für die Vollstreckbarerklärung ausländischer Schiedssprüche, auch für solche aus Nichtvertragsstaaten, auf das UNÜ, ohne dass es auf die Verbürgung der Gegenseitigkeit ankommt.[434] Doch müssen sich auch ausländische Schiedssprüche am Ordre public messen lassen, Art. V Nr. 2 lit. b UNÜ.

Gegenstand der Anerkennung ist immer nur der ausländische Schiedsspruch selbst, niemals eine ausländische Vollstreckbarerklärung.[435] Deshalb hat die Anerkennung oder die Aufhebung des Schiedsspruchs im Ursprungsstaat keinen Einfluss darauf, wie derjenige Staat, in dem der Schiedsspruch zur Anerkennung oder Vollstreckbarerklärung vorgelegt wird, diesen beurteilt.[436] Die Aufhebung ausländischer Schiedssprüche durch deutsche Gerichte ist unstatthaft.[437]

ff) Alternative: Vertragliches Druckmittel

Möchten die Parteien sicherstellen, dass der jeweilige Vertragspartner sich an die Abmachung hält, kommen auch vertragliche Druckmittel wie eine Vertragsstrafe oder eine selbstständige Garantie in Betracht.[438]

Betrachtet man exemplarisch die Vertragsstrafe gemäß § 339 BGB so wird deutlich, dass sie zwar faktisch helfen kann, den Vertrag durchzusetzen. Doch wenn die Parteien über den Inhalt oder die Verbotenheit streiten, helfen diese Druckmittel rechtlich nicht weiter. Denn um die Vertragsstrafe oder Garantie zu titulieren, müsste der Berechtigte den Verstoß gegen den Vertrag darlegen und nötigenfalls beweisen. Dieser ist als kartellverbotswidrige Absprache aber nach

433 *Raeschke-Kessler*, Prütting/Gehrlein, § 1060 Rn. 27; vgl. *Schack* IZVR, Rn. 1434ff.
434 *Schack* IZVR, Rn. 1439.
435 Verbot des Doppelexequatur, vgl. *Schack* IZVR, Rn. 1444.
436 Ausführlich *Schack* IZVR, Rn. 1440.
437 Statt aller *Schack* IZVR, Rn. 1441.
438 *Risse/Bach* SchiedsVZ 2011, 14, 19.

Art. 101 Abs. 2 AEUV nichtig. Damit scheitert auch die vereinbarte Vertragsstrafe. Ebenso ist eine Garantie, die einen kartellverbotswidrigen Erfolg verspricht, nichtig. Diese Ausführungen gelten gleichermaßen für ähnliche vertragliche Druckmittel.

b) Zwischenergebnis: Vollstreckung und staatliche Kontrolle

Sämtliche Methoden zur Anerkennung und Vollstreckbarerklärung von Mediationsergebnissen stehen unter dem Vorbehalt, dass sie nicht gegen den Ordre public verstoßen. Deshalb ist im Folgenden zu klären, wann der Ordre public verletzt ist und ob die Staaten selbst die Kontrolldichte von in einer Mediation getroffenen, gegebenenfalls kartellrechtswidrigen Absprachen bestimmen können.

3. Ordre public-Kontrolle

Eine Verletzung des Ordre public ist nicht nur Voraussetzung für die Verweigerung der Vollstreckbarerklärung, der Anerkennung und für die Aufhebung des Schiedsspruchs. Auch die Ausnahme von der Verschwiegenheitspflicht des Mediators knüpft § 4 S. 2 Nr. 2 MediationsG an eine Verletzung des Ordre public.[439]

Deshalb stellen sich für die praktische Durchsetzung des Kartellverbots vor allem die folgenden Fragen: Ist das Kartellverbot Teil des Ordre public? Wie weit geht die staatliche Kontrolle, ob ein Verstoß gegen den Ordre public vorliegt? Ist die Kontrolldichte in allen Mitgliedstaaten gleich oder darf sie innerhalb der EU unterschiedlich intensiv sein? Gelten diese Grundsätze auch für die Mediation?

Einigkeit besteht zunächst über den Ausgangspunkt, dass staatliche Gerichte eine Révision au fond, also die inhaltliche Kontrolle eines Schiedsspruchs, nicht vornehmen dürfen[440] und dass nicht jede Verletzung zwingenden Rechts zugleich eine Verletzung des Ordre public ist.[441]

Zu prüfen ist also, ob eine Verletzung des Kartellverbots immer und überall den Ordre public verletzt und ob aus dieser Verletzung zwingend folgt, dass das Mediationsergebnis bzw. der Schiedsspruch aufzuheben oder ihm die Anerkennung und Vollstreckbarerklärung zu verweigern sind.

Die Untersuchung beginnt mit den in Deutschland geltenden Grundsätzen zur Schiedsgerichtsbarkeit, wie sie in der Rechtsprechung des BGH und EUGH

---

439 S. oben S. 92f.

440 *Schack* IZVR, Rn. 958, 1429.

441 *Schack* IZVR, Rn. 1460.

herausgearbeitet worden sind. Danach geht es um die teilweise erheblich variierende Kontrolldichte ausgewählter Staaten bei der Überprüfung von Schiedssprüchen. Die Kontrolldichte ist wichtig für die anschließende Diskussion und Bewertung des aktuellen Urteils *Genentech* und der Schlussanträge des Generalanwalts *Wathelet* dazu. Schließlich ist zu erörtern, ob sich die Kontrolldichte auf Mediationsergebnisse übertragen lässt und ob die Mediations-RL diesbezüglich Vorgaben macht.

a) Kartellverbot als Teil des Ordre Public

Dass kartellrechtsrelevante Schiedssprüche anhand des Ordre public zu kontrollieren sind, hat der U.S. Supreme Court schon 1985 in seinem Urteil *Mitsubishi*[442] angesprochen als notwendige Konsequenz daraus, dass Antitrust-Sachen, also die privatrechtliche Auseinandersetzung wegen Verletzung von Kartellrecht, vor Schiedsgerichten ausgetragen werden dürfen. Dies widersprach der bisherigen Ansicht, dass kartellrechtliche Sachverhalte generell nicht schiedsfähig seien.[443] Bis dahin hatte man solche Fragen wegen der gesamtwirtschaftlichen Bedeutung des Kartellrechts staatlichen Gerichten vorbehalten.[444] So legte der Supreme Court den Grundstein für die Öffnung der Schiedsgerichtsbarkeit für Streitigkeiten mit direktem oder mittelbarem Bezug zum Kartellrecht.

Heute können Wettbewerber ihren Streit wahlweise vor Schiedsgerichten oder staatlichen Gerichten austragen. Auch Streitigkeiten, die Wettbewerbsfragen berühren, können heute vor privaten Schiedsgerichten verhandelt werden. Dann ist es die Aufgabe der staatlichen Gerichte, die Schiedssprüche nachträglich zu kontrollieren und den Begriff des Ordre public mit Leben zu füllen und zu konkretisieren.

aa) BGH: Schweißbolzen und Fruchtsäfte

Der *Schweißbolzen*-Entscheidung des BGH[445] lag folgender Sachverhalt zugrunde: Die Parteien hatten in einem Lizenzvertrag über Patente eine Schiedsklausel vereinbart. Das Schiedsgericht entschied über eine Streitigkeit im Zusammenhang mit diesem Vertrag, wobei es § 20 GWB a. F. irrig nicht anwendete; diese Norm verbot damals die über den Schutzbereich eines Schutzrechts hinausgehende Lizenzierung ausdrücklich. Der BGH wandte § 1042 ZPO a.F. an, der im Wesentlichen dem heutigen § 1061 ZPO entspricht, und genehmigte im

442 473 U.S. 614 (1985); deutsche Übersetzung in GRUR Int. 1987, 617; vgl. *Spiegel* Handelsschiedsgerichtsbarkeit, S. 22.

443 *Spiegel* Handelsschiedsgerichtsbarkeit, S. 19ff.

444 So auch in Deutschland nach § 91a GWB aF.

445 BGHZ 46, 365, 369 = NJW 1967, 1178 – *Schweißbolzen*. Zum Umfang der Überprüfung, der seitdem bis heute umstritten ist, s. unten S. 104ff.

Ergebnis die von der Vorinstanz abgelehnte Vollstreckbarerklärung des Schiedsspruchs. Damit prüfte er das deutsche Kartellverbot als Teil des deutschen Ordre public.

Das erweiterte der BGH später auf das EU-Kartellverbot: Eine italienische AG stellte Fruchtsäfte her und vertrieb sie unter der IR-Marke »Yoga«. Die von ihr mit der Fruchttrunk GmbH abgeschlossenen ausschließlichen Belieferungsverträge erlaubten dieser, die Produkte in Deutschland mit absolutem Gebietsschutz zu vertreiben. Der Vertrag enthielt eine Schiedsklausel. Im Rahmen eines Antrags auf Anerkennung des Schiedsspruchs prüften die deutschen Gerichte den Schiedsspruch und den zugrundeliegenden Sachverhalt. Sie erachteten den absoluten Gebietsschutz als wettbewerbsbeschränkend im Sinne des EU-Kartellverbots und damit als Verstoß gegen den deutschen Ordre public.[446] Das entsprach der Rechtsprechung des EUGH, der die Normen des Gemeinschaftsrechts seit jeher als Teil der Rechtsordnungen der Mitgliedstaaten angesehen hat.[447]

bb) EUGH: Eco Swiss, Gazprom und Genentech

Das Grundsatzurteil des EUGH zur Ordre public-Kontrolle von Schiedssprüchen ist die Entscheidung *Eco Swiss* aus dem Jahr 1999. Der Hoge Raad der Nederlanden hatte dem EUGH Fragen zur Vorabentscheidung vorgelegt, die sich um die Auslegung des heutigen Art. 101 AEUV drehten.[448] Es ging um eine Klage auf Nichtigerklärung eines internationalen Schiedsspruchs wegen Verstoßes gegen den Ordre public gemäß Art. 1065 I lit. e WBRv[449]. Dabei stellte der EUGH fest, dass das unionsrechtliche Kartellverbot (heute Art. 101 Abs. 1 AEUV) eine grundlegende Bestimmung ist. Sie sei unabdingbar, um die Aufgaben der Gemeinschaft zu erfüllen und unerlässlich für das Funktionieren des Binnenmarkts. Soweit nationale Verfahrensregeln einem mitgliedstaatlichen Gericht geböten, einem Antrag auf Nichtigkeitserklärung eines Schiedsspruchs wegen Verletzung des Ordre public stattzugeben, sei das Gericht dazu auch dann verpflichtet, wenn dieser Antrag auf eine Verletzung des unionsrechtlichen Kartellverbots gestützt sei.[450] Der Hoge Raad hatte das in seinem Vorlagebeschluss erstaunlicherweise anders gesehen.[451] Ein Schiedsspruch, dessen Inhalt das

---

446 BGH GRUR 1969, 501, 503 – *Fruchtsäfte.*

447 EUGH Rs. C-6/64, EU:C:1964:66 = NJW 1964, 2371 – *ENEL.*

448 EUGH Rs. C-126/97, EU:C:1999:269 = GRUR Int. 1999, 737 – *Eco Swiss.*

449 Wetboek van Burgerlijke Rechtsvordering von 1986, zuletzt geändert am 12.4.2011, englische Übersetzung unter http://www.dutchcivillaw.com/civilprocedureleg.htm, zuletzt abgerufen am 29.9.2018.

450 EUGH Rs. C-126/97, EU:C:1999:269 = GRUR Int. 1999, 737 Tz. 36f. – *Eco Swiss.*

451 So auch *Spiegel* EuZW 1999, 565, 568.

Kartellverbot verletze, berühre ebenso wenig den Ordre public, als hätte der Schiedsrichter das Kartellverbot gar nicht angewendet.[452]

Dem folgte der EUGH nicht. Er hielt es für notwendig, dass die staatlichen Gerichte die Wirksamkeit von Schiedssprüchen prüfen und die Kartellrechtsfragen gegebenenfalls dem EUGH vorlegen können.[453] Dennoch wies er darauf hin, »daß die Erfordernisse der Effizienz des Schiedsverfahrens es rechtfertigen, Schiedssprüche nur in beschränktem Umfang zu überprüfen und die Aufhebung eines Schiedsspruchs oder die Versagung seiner Anerkennung nur in außergewöhnlichen Fällen vorzusehen.«[454] Diese Grundsätze bestätigte der EUGH in den Urteilen *Gazprom* und *Genentech*.[455]

b) Kontrolldichte staatlicher Gerichte in der EU

Mit der Vorgabe, die Effizienz der Schiedsgerichte erfordere eine beschränkte Kontrolle, räumte der EUGH den mitgliedstaatlichen Gerichten einen weiten Spielraum bei der Prüfung von Ordre public-Verstößen und damit von Kartellrechtsverstößen ein. Das eröffnete die Möglichkeit, Verletzungen des Art. 101 Abs. 1 AEUV vollstreckbar zu machen. Doch hat der EUGH die Kontrolldichte, also den Umfang der Befugnis staatlicher Einrichtungen, den Schiedsspruch zu kontrollieren, nicht vorgegeben. Das führt dazu, dass die Maßstäbe der Mitgliedstaaten variieren. Die Mitgliedstaaten nutzten den ihnen eingeräumten Spielraum auf eklatant uneinheitliche Weise.[456]

aa) Deutschland

Dieser Abschnitt klärt, in welcher Tiefe die Ergebnisse einer Mediation oder eines Schiedsverfahrens in Deutschland am Maßstab des Ordre public überprüft werden können und müssen.

Bei der Kontrolldichte wird immer wieder der Ausganspunkt betont, dass keine Révision au fond erfolgen darf. Eine vollinhaltliche Kontrolle des Schiedsspruchs soll nicht erlaubt sein.[457] Das bedeutete in Kauf zu nehmen, dass manche kartellverbotswidrige Schiedssprüche nicht aufgehoben werden kön-

452 *Spiegel* EuZW 1999, 565, 566.

453 EUGH Rs. C-126/97, EU:C:1999:269 = GRUR Int. 1999, 737 Tz. 40 – *Eco Swiss*.

454 EUGH Rs. C-126/97, EU:C:1999:269 = GRUR Int. 1999, 737 Tz. 35 – *Eco Swiss*.

455 EUGH Rs. C-536/13, EU:C:2015:316 = GRUR Int. 2015, 766 – *Gazprom*; Rs. C-567/14, EU:C:2016:526 = GRUR 2016, 917 – *Genentech Inc./Hoechst*.

456 Zum Ganzen *Kasolowsy/Steup* SchiedsVZ 2008, 72; ausführlich zur Kontrolldichte *Hilbig* Kartellverbot in Handelsschiedsverfahren, S. 55f.

457 *Schack* IZVR, Rn. 1429 zu Schiedssprüchen, Rn. 958 zum gleichgelagerten Problem bei ausländischen Urteilen.

nen, sondern anerkannt und für vollstreckbar erklärt werden müssen, obwohl das Schiedsgericht das Kartellverbot falsch oder gar nicht geprüft hat.[458]

Doch teilt der BGH diese Ansicht für das Kartellrecht nicht. In seinem Urteil *Schweißbolzen* ließ er Einwände einer verbotenen Révision au fond nicht gelten: Es handele sich bei der Anerkennung von Schiedssprüchen um eine eigenständige Prüfung. Gerichte könnten »weder an die Rechtsauffassung noch an die tatsächlichen Feststellungen des Schiedsgerichts gebunden sein. Eine solche Bindung würde die den ordentlichen Gerichten in den [heutigen §§ 1059–1061 ZPO] zugewiesene Überwachungskompetenz aushöhlen und weitgehend wirkungslos machen.«[459] Auch diese Ansicht hat der BGH in seiner *Fruchtsäfte*-Entscheidung[460] auf das heute unionsrechtliche Kartellverbot übertragen.

Teufer nennt dies treffend einen speziellen kartellrechtlichen Ordre public-Vorbehalt.[461] Dabei nimmt er, weil der BGH einige Jahrzehnte nicht erneut zu dieser Frage entschieden hat, auf die einschlägige Literatur Bezug. Ein Teil[462] kritisiert den BGH, gerade weil dieser das Verbot der Révision au fond missachte. Dieser Ansicht schließt sich *Teufer* an. Er begründet dies zum einen damit, dass der Schiedsrichter gleich geeignet sei, das Kartellrecht ordnungsgemäß zu beurteilen, schon weil er ein Eigeninteresse daran habe, korrekte Schiedssprüche zu fällen. Zum anderen führt *Teufer* ökonomische Gesichtspunkte an, der Staat habe schließlich nur knappe Ressourcen. Doch trifft sein erstes Argument längst nicht immer zu, denn Schiedsrichter können auch ein Interesse an gut bezahlten Missbräuchen haben und sie können das Kartellverbot auch nicht immer mit Richtigskeitsgewähr anwenden, zumal sie Zweifelsfragen nicht dem EUGH vorlegen dürfen[463]. Bei seinem zweiten Argument übersieht *Teufer*, dass der Ordre public nur die grundlegendsten Normen des gesellschaftlichen Zusammenlebens schützt; dafür staatliche Ressourcen zu sparen, überzeugt nicht.

---

458 *K. Schmidt*, Immenga/Mestmäcker, Art. 102 Abs. 1 AEUV Rn. 39.

459 BGH NJW 1967, 1178, 1179 – *Schweißbolzen.*

460 BGH GRUR 1969, 501, 503 – *Fruchtsäfte.* Interessant ist insofern auch, dass der BGH die Nichtigkeit einer Schiedsabrede als Nebenabrede nicht an die Nichtigkeit des Hauptvertrags knüpft, GRUR 1969, 501, 502.

461 *Teufer* Alternative Beilegung, S. 122, in Anlehnung an *Schlosser* Internationale Schiedsgerichtsbarkeit, Rn. 867.

462 *Habscheid* KTS 1973, 232, 235; *Schlosser* Internationale Schiedsgerichtsbarkeit, Rn. 867 meint, »schiedsrichterliche Fehlinterpretationen im Randbereich wirtschaftspolitischer Normen [seien] hinzunehmen«; *C. Wolf* RabelsZ 57 (1993), 643, 652ff.; *Spiegel* Handelsschiedsgerichtsbarkeit, S. 191ff. mwN, nennt dies einen »Mittelweg«, den er zwischen den Lagern »Schiedsgerichtler« und »Kartellrechtler« gefunden haben will; *Günther* FS Böckstiegel 2001, S. 253, 264.

463 So eindeutig EUGH Rs. C-284/16, EU:C:2018:158 = EuZW 2018, 239, Rn. 49 – *Achmea.*

Der Ansicht des BGH pflichten indes auch einige Literaturstimmen[464] und der Generalanwalt *Wathelet* mit dem zutreffenden Argument bei, dass das öffentliche Interesse an wirksamem Wettbewerb einen besonderen, strengeren Eingriffsmaßstab rechtfertige.[465]

bb) Frankreich

In Frankreich hatte die Cour d'appel de Paris im Jahr 2004 erstmals Gelegenheit, die Vorgaben des EUGH aus *Eco Swiss* in dem Verfahren *Thalés/Euromissile* anzuwenden.[466] Hier hatten Thalés beim Schiedsgericht die Feststellung der Kündigung von Lizenzverträgen und Euromissile Schadensersatz beantragt. Das Schiedsgericht gab dem Schadensersatzantrag statt. Daraufhin erhob Thalés Nichtigkeitsklage (heute Art. 1520 Nr. 5 CPC[467]) beim französischen staatlichen Gericht. Der Schiedsspruch sei nichtig, weil der Lizenzvertrag gegen (heute) Art. 101 AEUV und damit gegen den französischen Ordre public verstoße.

Die Cour d'appel führte aus, das nationale Gericht müsse bei Kartellverstößen den Schiedsspruch nur annullieren, soweit auch ein sonstiger Verstoß gegen den Ordre public nach dem eigenen Verfahrensrecht zu einer Annullierung führen müsste. Das Unionsrecht verlange aber nicht, die Rechtskraft eines Schiedsspruchs zu beseitigen, wenn das nationale Verfahrensrecht dies nicht vorsehe. Das französische Verfahrensrecht setze voraus, so das Gericht, dass der Ordre public »offensichtlich, effektiv und konkret« (»*flagrant, effective et concrète*«) verletzt worden ist. Das mit der Nichtigkeitsklage befasste Gericht dürfe nur die dem Schiedsspruch zugrundeliegende Sach- und Rechtslage überprüfen. Darüber hinaus sei ihm eine Révision au fond, d.h. eine Entscheidung in der Sache an Stelle des Schiedsgerichts, verwehrt, wenn das Schiedsgericht sich hiermit nicht befasst hat. Anders könne es nur sein, wenn ein Betrug (»*fraude*«) vorliege oder eine Norm offensichtlich verletzt worden ist; die Behauptung, eine Eingriffsnorm (»*loi de police*«) sei verletzt worden, genüge nicht für eine Révision au fond.

Das Gericht glaubte sich mit dieser Entscheidung im Einklang mit den Vorgaben des EUGH. Dieser habe insoweit anerkannt, dass die Grundsätze des Schiedsrechts eine nur eingeschränkte Möglichkeit der Nachprüfung durch staatliche Instanzen geböten.[468]

---

464 Instruktiv *Altenmüller* Schiedsrichterliche Entscheidungen, S. 231ff., 247; *Eilmansberger* SchiedsVZ 2006, 5, 15f.; *K. Schmidt*, Immenga/Mestmäcker, § 87 GWB Rn. 74 mwN.

465 Dazu sogleich unten S. 107ff.

466 C.A. Paris vom 18.11.2004, Revue de l'arbitrage 2005, 751.

467 Code de procédure civile, Journal Officiel n°0011 vom 14.1.2011, S. 777.

468 Zum Ganzen *Niggemann* SchiedsVZ 2005, 265, 267.

cc) *Exkurs: Schweiz*

Die Rechtslage in der Schweiz ist insofern interessant, als sie sich erheblich von der unionsrechtlichen unterscheidet und die Schweiz in der internationalen Handelsschiedsgerichtsbarkeit eine maßgebliche Rolle spielt. In der Schweiz ist ein Schiedsspruch nach Art. 190 Abs. 2 lit. e IPRG[469] anfechtbar, wenn er gegen den Ordre public verstößt, insbesondere wenn das Schiedsgericht die Sache entscheidet, ohne EU-Wettbewerbsrecht anzuwenden, obwohl eine Partei dazu plädiert hat.[470] Das heißt für das Bundesgericht allerdings im Umkehrschluss, dass der Schiedsspruch nicht anfechtbar ist, wenn keine Partei für die Anwendung des EU-Wettbewerbsrechts plädiert hat. Den Schiedsrichtern sei es nicht zuzumuten, ausländisches Recht anzuwenden, wenn sie schweizerisches Recht anwenden müssten.[471] Nach einem Entscheid des Schweizerischen Bundesgerichts vom 8.3.2006[472] fallen weder das EU- noch das schweizerische Wettbewerbsrecht unter den Ordre public;[473] Schiedsrichter müssen es mithin nicht von Amts wegen beachten.[474]

Dies bedeutet allerdings noch nicht, dass eine Vollstreckung des Schiedsspruchs in der Schweiz generell möglich wäre. Denn das Schweizerische Bundesgericht sieht den Ordre public-Vorbehalt im Vollstreckbarerklärungsverfahren strenger als im Aufhebungsverfahren.[475] Gleichwohl sehen *Meinhardt/Ahrens* trotz dieser »dogmatischen Differenzierung [...] kein[en] Grund anzunehmen, dass schweizerische Gerichte die Vollstreckung eines ausländischen Schiedsspruchs verweigern würden, weil er schweizerisches Wettbewerbsrecht verletzt.«[476]

dd) *Ablösung des Verbots der Révision au fond im Kartellrecht durch eine umfassende Kontrolle?*

Die Ausführungen des Generalanwalts *Wathelet*[477] im Fall *Genentech*[478] lassen daran zweifeln, dass diese schiedsfreundliche Rechtsprechung zukünftig so fortgeführt werden kann.

---

469 Bundesgesetz über das Internationale Privatrecht vom 18.12.1987, AS 1988, 1776 idF vom 1.4.2017, AS 2017, 1687.

470 BG E. vom 28.4.1992 = BGE 118 II 193.

471 BG E. vom 13.11.1998 = ASA Bull. 1999, 529, 534.

472 BG E. vom 8.3.2006 = BGE 132 III 389.

473 *Meinhardt/Ahrens* SchiedsVZ 2006, 182, 184.

474 BG E. vom 8.3.2006 = BGE 132 III 389 E. 3.2.; *Stacher* Schiedsgerichtsbarkeit in der Schweiz, Rn. 464.

475 *Meinhardt/Ahrens* SchiedsVZ 2006, 182, 187. Art. V Abs. 2 lit. b UNÜ sagt nur, dass die Anerkennung und Vollstreckung eines gegen den Ordre public verstoßenden Schiedsspruchs versagt werden *darf*.

476 *Meinhardt/Ahrens* SchiedsVZ 2006, 182, 187. Vgl. auch *Stacher* Schiedsgerichtsbarkeit in der Schweiz, Rn. 485 ff.

477 Schlussanträge GA *Wathelet*, Rs. C-567/14, EU:C:2016:177.

Wathelet behandelt in Rn. 59, wer für die Kontrolle zuständig ist, ob die »Normen der europäischen öffentlichen Ordnung« eingehalten werden. Dabei sieht er zunächst, dass die Handelsschiedsgerichte sehr wohl auch Unionsrecht anzuwenden haben, wenn es Teil des auf den Vertrag anwendbaren oder des für das Schiedsgericht geltenden Rechts, mithin lex contractus oder lex arbitri, ist. Die Ordre public-Kontrolle liege bei den Mitgliedstaaten und nicht bei den Schiedsrichtern, gleich ob sie bei der Prüfung der Nichtigkeit, bei der Anerkennung oder der Vollstreckbarerklärung des Schiedsspruches erfolge.

Spannend ist *Wathelets* Feststellung, dass eine auf offenkundige Verstöße des Art. 101 AEUV beschränkte Ordre public-Kontrolle »illusorisch [ist, weil sie] in zahlreichen Fällen zur Folge hätte, dass es den Rechtsunterworfenen unmöglich wäre (oder übermäßig erschwert würde), die Rechte auszuüben, die ihnen das Wettbewerbsrecht der Union verleiht.«[479] Denn die Vereinbarungen oder Verhaltensweisen, die den Wettbewerb beschränken, seien »oft verschleiert«.[480]

In Rn. 68ff. erörtert *Wathelet* weiter, ob eine Ordre public-Kontrolle auch dann noch möglich ist, wenn das Schiedsgericht einen Kartellverstoß bereits diskutiert und verneint hat. Denn dies würde eine vollinhaltliche Révision au fond bedeuten, die grundsätzlich nicht gewollt ist.[481]

Wathelet stellt unter Hinweis auf *Eco Swiss*[482] fest, dass Art. 101 AEUV eine grundlegende Norm des Unionsrechts ist, und unter Hinweis auf *Gazprom*[483], dass für Schiedsgerichte der Grundsatz des gegenseitigen Vertrauens nicht gilt. Sie seien mithin nicht verpflichtet, Antworten zu unionsrechtlichen Fragen von anderen Schiedsgerichten, die nicht Gerichte im Sinne des Art. 267 AEUV sind, zu beachten. Deshalb könne es keine Rolle spielen, wie das Schiedsgericht das Unionsrecht beurteilt hat. Anderenfalls würde man die Effektivität des Art. 101 AEUV beeinträchtigen. Denn Schiedsgerichte könnten sich nicht mit Vorlagefragen an den Gerichtshof wenden. *Wathelet* kommt deshalb zu dem Ergebnis, dass es keine Rolle spielen könne, ob das Schiedsgericht Fragen der öffentlichen Ordnung angesprochen hat, oder ob das nationale Recht eine inhaltliche Kontrolle des Schiedsspruchs verbietet.[484]

Dieser Ansicht ist vollauf zuzustimmen. Denn für einen gemeinsamen Binnenmarkt mit effektivem Wettbewerb benötigt man ein wirksames und um-

---

478 EUGH Rs. C-567/14, EU:C:2016:526 = GRUR 2016, 917 – *Genentech Inc./Hoechst.*

479 Schlussanträge GA *Wathelet*, Rs. C-567/14, EU:C:2016:177 Tz. 64, 67.

480 Schlussanträge GA *Wathelet*, Rs. C-567/14, EU:C:2016:177 Tz. 64. *Wathelet* verweist hierfür auf EUGH Rs. C-453/99, EU:C:2001:465 = GRUR 2002, 367 Tz. 27, wonach der jedem Geschädigten zustehende privatrechtliche Schadensersatzanspruch geeignet sei, Kartellanten von »oft verschleierten« wettbewerbsbeschränkenden Verhalten abzuhalten.

481 Dazu oben S. 104.

482 EUGH Rs. C-126/97, EU:C:1999:269 = GRUR Int. 1999, 737 Tz. 36 – *Eco Swiss.*

483 EUGH Rs. C-536/13, EU:C:2015:316 = GRUR Int. 2015, 766 Tz. 37 – *Gazprom.*

484 Schlussanträge GA *Wathelet*, Rs. C-567/14, EU:C:2016:177 Tz. 68ff. und Fn. 46.

fassend geltendes Kartellverbot. Deshalb können mit den Worten *Wathelets* »eine oder mehrere Parteien, die an möglicherweise wettbewerbswidrigen Vereinbarungen beteiligt sind, [sich nicht] durch einen Rückgriff auf das Schiedsverfahren dem Anwendungsbereich der Art. 101 AEUV und 102 AEUV entziehen.«[485]

Der EUGH musste sich mit dieser Frage nicht befassen, denn er hat im Fall *Genentech* keinen Kartellrechtsverstoß angenommen. Doch zeigt die Tatsache, dass der EUGH die Vorlagefrage angenommen und als relevant angesehen hat, dass er das Kartellverbot auch dann als überprüfbar und als zwingendes Recht ansieht, wenn das kartellrechtliche Problem vom Schiedsgericht diskutiert wurde.[486] Der EUGH betont in diesem Zusammenhang die Vorlagepflicht der nationalen Gerichte; er sei insofern »grundsätzlich gehalten, darüber zu befinden«.[487]

Dass er damit das Verbot der Révision au fond von Schiedssprüchen für Kartellverstöße aufgehoben hat, wäre zu weit gegriffen. Doch ist es nicht unwahrscheinlich, dass der EUGH sich künftig der Ansicht *Wathelets* anschließt, dass Schiedssprüche in vollem Umfang auf die Einhaltung des europäischen Kartellverbots überprüft werden können.

ee) Zwischenergebnis

Das Hauptargument *Wathelets* im Fall *Genentech*[488] war, dass Schiedsgerichte keine vorlageberechtigten Gerichte iSv Art. 267 AEUV sind. Ähnlich restriktiv zeigte sich der EUGH im aktuellen Urteil vom 6. 3. 2018 zu Schiedsgerichten, die auf bilateralen Investitionsschutzabkommen zwischen EU-Mitgliedstaaten beruhen:[489] Er sieht sie gleichermaßen nicht als Gerichte der Union iSv Art. 267 AEUV und damit als nicht vorlageberechtigt an. Damit verlieren Schiedsgerichte einige Rechtsprechungsaufgaben, die sie bislang unangefochten übernehmen konnten; diese Aufgaben müssen nun staatliche Gerichte übernehmen. Die vollen Auswirkungen des grundstürzenden Urteils lassen sich derzeit kaum abschätzen.[490] Der EUGH hat indes betont, dass seine Entscheidung die Handelsschiedsgerichtsbarkeit nicht berühre.[491]

Faktisch hat der EUGH in *Genentech* den Schiedsspruch anhand des Ordre public kontrolliert. Dennoch hat sich das Problem der ungleichen Kontrolldichte der Mitgliedstaaten noch nicht erledigt. Denn einerseits regeln sie weiterhin die

485 Schlussanträge Tz. 72.
486 So auch *McGuire/Ackermann* GRUR 2016, 919, 920.
487 EUGH Rs. C-567/14, EU:C:2016:526 = GRUR 2016, 917 Tz. 26 – *Genentech Inc./Hoechst.*
488 EUGH Rs. C-567/14, EU:C:2016:526 = GRUR 2016, 917 – *Genentech Inc./Hoechst.*
489 EUGH Rs. C-284/16, EU:C:2018:158 = EuZW 2018, 239 – *Achmea.*
490 Auch zum Urteil insgesamt *Stöbener de Mora* EuZW 2018, 363, 365.
491 EUGH Rs. C-284/16, EU:C:2018:158 = EuZW 2018, 239 Tz. 54ff., 59 – *Achmea.*

Rechtsmaterie der Schiedsgerichtsbarkeit. Andererseits hat sich der EUGH nicht ausdrücklich, sondern nur der Generalanwalt *Wathelet*, dafür aber umso deutlicher, für eine volle kartellrechtliche Kontrolle von Schiedssprüchen ausgesprochen.

c) Übertragbarkeit der Kontrolldichte auf die Mediation

Fraglich ist, inwiefern eine effiziente Mediation erfordert, die geschilderte Rechtsprechung zu Schiedssprüchen auf die Ordre public-Kontrolle von Mediationsergebnissen zu übertragen. Das Kartellverbot ist Teil des Ordre public; daran ändert die gewählte Streitbeilegungsmethode nichts.

aa) Révision au fond bei Mediation?

Bei reinen Mediationsverfahren an ein Verbot der Révision au fond zu denken, erscheint zunächst seltsam, da kein einem Schiedsrichter vergleichbarer neutraler Dritter das Kartellverbot prüft. Den Parteien die Macht zu geben, darüber zu bestimmen, ob eine kartellrechtliche Kontrolle überhaupt in Betracht gezogen werden kann, wäre sicherlich verfehlt. Zwar wird dem Schiedsgericht als ebenfalls privater Institution mit dem grundsätzlichen Verbot der Révision au fond gewisse Macht zur Beurteilung der Kartellverbotswidrigkeit eingeräumt. Wählen die Parteien einen Schiedsrichter, der den Missbrauch billigt, so unterscheidet sich der Fall nur noch marginal von Mediationsparteien, die ihr eigenes Mediationsergebnis als kartellverbotskonform festlegen. Nur die Rolle des Schiedsrichters als Dritter und als Ersatz des staatlichen Richters könnte dieses (fragwürdige) Privileg für Schiedsverfahren legitimieren. Bedenkt man jedoch das Instrument des Schiedsspruchs mit vereinbartem Wortlaut gemäß § 1053 ZPO, dann wird man die Ausführungen zur Kontrolle von Schiedssprüchen auf die Mediation übertragen müssen. Denn das grundsätzliche Verbot der Révision au fond differenziert nicht zwischen Schiedssprüchen mit oder ohne vereinbartem Wortlaut. Dann unterscheiden sich Schiedsspruch und Mediationsergebnis aber kaum noch.

bb) Mediations-RL und Kontrolldichte von Mediationsergebnissen

Die Mediations-RL macht zur Vollstreckbarkeit und Überprüfung des Ergebnisses nur wenige Vorgaben.

Gemäß Art. 1 Abs. 2 S. 1 Mediations-RL gilt die »Richtlinie […] nicht […] für Rechte und Pflichten, über die die Parteien nach dem einschlägigen anwendbaren Recht nicht verfügen können.«

Die Formulierung erinnert zunächst an den Begriff der subjektiven Schiedsfähigkeit in § 1025 Abs. 1 ZPO a.F., der nicht nur wegen Auslegungs-

und Abgrenzungsschwierigkeiten mit Recht fallen gelassen wurde. *Wentzel*[492] hat überzeugend dargelegt, dass Art. 1 Abs. 2 S. 1 Mediations-RL nur solche Rechtspositionen ausschließen will, bei denen sich ein Mitgliedstaat das Rechtsschutzmonopol vorbehalten hat. Dies betreffe neben indisponiblen Statusverhältnissen insbesondere solche Rechtsverhältnisse, über die sich die Parteien nicht vergleichen können.[493] Das Kartellrecht gehört hier dazu, so dass die Mediations-RL auf die vorliegend diskutierten Sachverhalte anwendbar ist.

Gemäß Art. 6 Abs. 1 S. 2 Hs. 2 Mediations-RL darf das Mediationsergebnis nicht für vollstreckbar erklärt werden, wenn »in dem betreffenden Fall [...] der Inhalt der Vereinbarung dem Recht des Mitgliedstaats, in dem der Antrag gestellt wurde, entgegen[steht] oder das Recht dieses Mitgliedstaats die Vollstreckbarkeit des Inhalts nicht vor[sieht].« Diese Vorgabe findet sich auch in Erwägungsgrund 19, wonach ein Mitgliedstaat die Vollstreckbarerklärung von Mediationsergebnissen nur soll ablehnen dürfen, »wenn [der] Inhalt seinem Recht, einschließlich seines internationalen Privatrechts, zuwiderläuft«.

Diese Vorgaben decken sich mit den Ausführungen dieser Arbeit zur umfassenden kartellrechtlichen Kontrolle von Mediationsergebnissen anhand des Ordre public.

cc) Zwischenergebnis

Eine Letztentscheidungskompetenz der Schiedsgerichte, wie sie etwa die Schweiz akzeptiert, ist nur mit einer gewollten Privilegierung der Schiedsgerichtsbarkeit zu erklären.[494] Dass Mediationsdienstleistungen für Staaten wirtschaftlich ebenso interessant sind wie die Schiedsgerichtsbarkeit, ist nicht anzunehmen. Aus Sicht des Ordre public und eines effektiven Kartellverbots sowie vor dem Hintergrund der öffentlichen Interessen ist das Privileg des Verbots der Révision au fond schon bei Schiedsgerichten aber kaum vertretbar. Mehr Liberalisierung kann nicht der Weisheit letzter Schluss sein, wenn grundlegende öffentliche Belange wie das Kartellrecht darunter leiden. Deshalb überzeugt *Wathelets* Argumentation zum Einfallstor des Ordre public in allen Fällen alternativer Streitbeilegung: Einen kartellverbotsfreien Raum alternativer Streitbeilegung kann es nicht geben, will man die Ziele der Europäischen Union, namentlich einen gemeinsamen Binnenmarkt und wirksamen Wettbewerb, erreichen. Deshalb ist nicht nur für Schiedssprüche eine volle kartellrechtliche Kontrolle geboten. Für die Mediation folgt dies aus Art. 6 Abs. 1 S. 2 Hs. 2 Mediations-RL.

492 *Wentzel* Internationale Mediation, S. 115ff.

493 Vgl. *Wentzel* Internationale Mediation, S. 118; *Wagner/Thole* FS Kropholler 2008, S. 915, 922.

494 Vgl. etwa die Angst von *Günther* FS Böckstiegel 2001, S. 253, 264, die vom BGH geforderte Révision au fond gefährde die Attraktivität der Schiedsgerichtsbarkeit.

Um das grundsätzliche Verbot der Révision au fond für Schiedsgerichte abzusichern, wäre es sinnvoll gewesen, den § 796d ZPO-E[495] einzuführen. Dort hätte man die Vorgaben der Richtlinie angemessen einarbeiten können. Jetzt bleibt der Rechtsprechung nur die richtlinienkonforme Auslegung jedweder Norm, die Medianten für die Vollstreckbarerklärung ihres Ergebnisses nutzen möchten. Das gilt vor allem für die Instrumente des Schiedsrechts. Denn eine Privilegierung von als Schiedsspruch getarnten Mediationsergebnissen ist nicht richtlinienkonform.[496] Die Abgrenzungsschwierigkeiten einer Qualifikation des Ergebnisses, das die Parteien zur Vollstreckbarerklärung vorlegen, unterstreichen die Forderung dieser Arbeit nach einer vollen kartellrechtlichen Kontrolle anhand des Ordre public.

4. Zwischenergebnis: Durchsetzbarkeit

Die praktische Durchsetzbarkeit des Kartellverbots leidet schon aus tatsächlichen Gesichtspunkten. Die Vertraulichkeit von Mediation und Schiedsverfahren verschlechtert die Situation weiter.

Zeugnisverweigerungsrechte in anschließenden staatlichen Gerichtsverfahren brechen sich bei Kartellverstößen am Ordre public.

Auch die Titulierungsmöglichkeiten unterstehen allesamt einem Ordre public-Vorbehalt. Die Kontrolldichte für Schiedssprüche ist in den Mitgliedstaaten uneinheitlich. Für Mediationsergebnisse verlangt die Mediations-RL, dass bei deren Vollstreckbarerklärung wie in § 1060 ZPO eine kartellrechtliche Révision au fond durchgeführt wird. Denn eine nur eingeschränkte Kontrolle wäre mit einer wirksamen Anwendung des Art. 101 AEUV nicht vereinbar.

Der recht neue § 33f GWB privilegiert in Umsetzung von Art. 19 der Schadensersatzrichtlinie Vergleiche zwischen Kartellanten und Geschädigten. Damit will die Richtlinie die gütliche Einigung im *private enforcement* fördern. Das beeinflusst nur die zweite Stufe, also die Schadensersatzpflicht des sich vergleichenden Rechtsverletzers. Die hier diskutierte erste Stufe, ob die Parteien gegen das Kartellverbot verstoßen, ändert sich dadurch nicht.

495 S. oben S. 94f.

496 A. A. *Wentzel* Internationale Mediation, S. 110ff, 143, die das Verbot der Révision au fond bei Mediationsergebnissen übergeht und meint, die Vorgaben der Richtlinie seien für die Titulierungsmöglichkeiten vollständig gewahrt.

III. Zwischenergebnis: Kartellverbot nur theoretisch zwingend bei Verstößen in Mediations- und Schiedsverfahren

Deutschland ermöglicht eine vergleichsweise umfassende Kontrolle von Mediationsergebnissen sowie von Schiedssprüchen anhand des Ordre public und damit des Kartellverbots. Nicht alle Staaten bieten aber dasselbe Schutzniveau. Frankreich etwa bleibt mit einer Offensichtlichkeitsschwelle deutlich dahinter zurück und die Schweiz sieht das Kartellrecht schon nicht als Teil des Ordre public und verzichtet damit faktisch auf jegliche Prüfung.

Staaten tauschen ihre Hoheit gegen Privatautonomie, um für den eigenen Schiedsort zu werben. Sie liberalisieren das Schiedsrecht und begünstigen damit kartellverbotswidriges Verhalten. Doch sollten die Staaten ihre Letztentscheidungskompetenz nicht preisgeben,[497] wenn es um eine so zentrale Frage wie den freien Wettbewerb geht. Die Gefahr, dass (Streit-)Parteien im Rahmen von Mediation und Schiedsgerichtsbarkeit gegen das Kartellverbot verstoßen, ist nicht zu unterschätzen.[498] Verglichen mit Schiedssprüchen, die dank des UNÜ eine ausgesprochen gute weltweite Durchsetzbarkeit genießen, hat die Mediation zwar auf dem Papier Nachteile, weil das Mediationsergebnis anders als ein Schiedsspruch nach § 1055 ZPO nicht wie ein rechtskräftiges Urteil wirkt. Doch haben die Überlegungen zu Verfahrenskombinationen[499] gezeigt, dass auch die Instrumente der Schiedsgerichtsbarkeit missbrauchsanfällig sind.

---

497 So auch *Schack* IZVR, Rn. 1345, 1361.

498 Dies zeigen etwa EUGH Rs. C-194/14 P, EU:C:2015:717 = GRUR Int. 2016, 19 – *AC-Treuhand II* für mediationsähnliche Verfahren sowie EUGH Rs. C-126/97, EU:C:1999:269 = GRUR Int. 1999, 737 – *Eco Swiss* für die Schiedsgerichtsbarkeit. Die Dunkelziffer von Verstößen dürfte erheblich sein.

499 Dazu oben S. 52ff.

G. Ist die Rechtsordnung gewappnet? – Lösungsmöglichkeiten

Die öffentlichen Interessen[500] müssen ausreichend in Mediationsverfahren einfließen können;[501] doch darf der Staat den Charakter und damit die Vorteile einer Mediation nicht so stark beschneiden, dass die Parteien das Interesse an ihr verlieren. Der folgende Abschnitt sucht einen verhältnismäßigen Ausgleich der einzelnen Interessen, um die aufgezeigten Risiken der Verhandlungsmethode der Mediation hinsichtlich eines Kartellverbotsverstoßes zu minimieren.

In allen Fällen nötig und erster Schritt bei der Prävention oder Bekämpfung von Missbrauch der Mediation zu kartellrechtswidrigen Zwecken ist die Feststellung, ob die Parteien tatsächlich streiten.[502] Hierbei wird man den Parteien einen gewissen Spielraum zugestehen müssen. Doch lassen sich manche Missbräuche im Keim ersticken, in denen Kartellanten alternative Streitbeilegungsverfahren und insbesondere die Mediation nur als Nebelwand für ihre Zwecke benutzen.

Bei der Bekämpfung von Missbräuchen sind Prävention und nachträgliche Kontrolle zu unterscheiden.[503] Dabei ist die Entscheidung des Gesetzgebers zu respektieren, die Schiedsgerichtsbarkeit im Kartellrecht wieder zu erlauben.[504] Der Schiedsgerichtsbarkeit wird das Vertrauen entgegengebracht, dass sie öffentliche Interessen hinreichend beachtet.[505] Um ihre Prüfungskompetenz zu sichern, setzen die Staaten auf nachträgliche Kontrolle anhand des Ordre public, wobei der angelegte Maßstab und die Kontrolldichte durchaus variieren.[506]

500 Dazu oben S. 19f.

501 Vgl. auch *Teufer* Alternative Beilegung, S. 81, der die »generelle Beteiligung der öffentlichen Interessen am Beilegungsverfahren« anmahnt; Art. 6 Abs. 1 S. 2 Mediations-RL.

502 So *Nordemann*, L/M/R/K/M-L, Teil III Rn. 34; zu Nichtangriffsabreden *Cepl/Rüting* WRP 2013, 305, 309.

503 So auch *Teufer* Alternative Beilegung, S. 81ff.

504 Vgl. *Teufer* Alternative Beilegung, S. 129.

505 So auch EUGH Rs. C-126/97, EU:C:1999:269 = GRUR Int. 1999, 737 – *Eco Swiss*; *Schack* IZVR, Rn. 1324.

506 S. oben S. 101ff.; vgl. auch *Teufer* Alternative Beilegung, S. 129.

I. Verbot der Mediation in kartellrechtsrelevanten Bereichen

Ein Verbot der Mediation in kartellrechtsrelevanten Bereichen erinnert an den § 91 GWB a.F., der die objektive Schiedsfähigkeit für diesen Bereich verneinte.

Freilich ist ein solches Verbot praktisch kaum umsetzbar und noch weniger gewollt. Wann eine Streitigkeit kartellrechtsrelevant ist, lässt sich nicht immer eindeutig von außen, ebenso wenig von den Parteien oder dem Mediator und häufig gar nicht im Vorfeld beantworten. Die Argumente gegen ein Verbot der Schiedsgerichtsbarkeit, als man sich 1997 entschied, § 91 GWB a.F. abzuschaffen, bleiben bestehen und gelten - wenngleich abgeschwächt - auch bei der Mediation.[507] Das gilt erst recht angesichts der vom Gesetzgeber gewollten Förderung der Mediation.

II. Ausbildung des Mediators

Ein milderes Mittel als das Verbot ist eine vertiefte Ausbildung des Mediators auch im Kartellrecht. Dann könnte er besonders klare oder bezweckte Verstöße besser erkennen. Dies ist nicht nur wichtig, um Verstöße zu verhindern, sondern auch zur Vermeidung seiner eigenen Haftung.[508] Damit könnte der Mediator die Parteien zumindest auf ihr kartellrechtlich bedenkliches Verhalten hinweisen, externen Rat empfehlen und beurteilen, ob er sich aus der Sache heraushalten und sich davon distanzieren[509] möchte. Der richtige Ansatzpunkt hierfür wäre die ZMediatAusbV.

III. Meldepflichten des Mediators an Kartellbehörden?

Bei einem Mediator, der in der Lage ist, kartellrechtlich kritische Situationen zu erkennen, wäre eine Pflicht ähnlich dem § 90 GWB, diese an Kartellbehörden zu melden, denkbar. Dafür bedürfte es freilich einer Ausnahme von der Verschwiegenheitspflicht in § 2 Abs. 6 MediationsG. Die Ausgestaltung einer Meldepflicht verlangt Fingerspitzengefühl. Sie würde dem Problem erhebliche Aufmerksamkeit widmen und alle Beteiligten dafür sensibilisieren. Doch gilt auch hier das gleiche, schon 1986 von *Nikolaus Lorenz* zur Schiedsgerichtsbarkeit vorgebrachte Argument: Eine Beteiligung des Kartellamts raubt der

507 S. oben S. 102.

508 Dazu unten S. 123ff.

509 Die Anforderungen der Rechtsprechung, um sich vom Vorwurf des Kartellverstoßes zu befreien, schildern *Heinrich/Eckel* NZKart 2017, 106ff.

Schiedsgerichtsbarkeit und in gleichem Maße der Mediation gerade diejenigen Eigenschaften, die sie attraktiv machen.[510] Doch darf diese Attraktivität nicht auf Kosten der öffentlichen Interessen, namentlich des freien Wettbewerbs, gehen. Deshalb muss dem Mediator zumindest die Möglichkeit gegeben werden, als Kronzeuge auszusagen und dadurch von seiner kartellrechtlichen Haftung befreit zu werden.

IV. Kronzeugenprivilegierung für Mediatoren

Die Privilegierung von Kronzeugen ist ein Instrument, das es Kartellbehörden erlaubt, von einer Geldbuße für die Beteiligung an einem Kartell abzusehen oder sie zu mindern.[511] Die Kronzeugenprivilegierung soll dabei helfen, Kartelle aufzudecken. Sie ist im Interesse der Öffentlichkeit, denn der Kronzeuge spielt eine zentrale Rolle bei der praktischen Durchsetzung des Kartellverbots.[512] Dass diese Privilegierung rechtmäßig ist, hat der EUGH unter anderem in seinem Urteil *Mamoli Robinetteria* bestätigt: Denn die Kommission beschränke damit nur das ihr von Art. 23 Abs. 2 VO 1/2003 eingeräumte Ermessen, eine Geldbuße festzusetzen.[513]

Privilegieren will die Kommission nur Unternehmen.[514] Doch lässt sich auch ein Mediator als Unternehmen im Sinne einer wirtschaftlichen Einheit[515] einordnen. Eine Privilegierung auch von Mediatoren ist von § 33e Abs. 1 S. 1 GWB gedeckt. Der Wortlaut verlangt lediglich eine an einem Kartell »beteiligte natürliche Person.« Nicht nur der Zweck der Kronzeugenprivilegierung, Kartelle aufzudecken, spricht ohne weiteres dafür, sie auch zugunsten von Mediatoren anzuwenden. Auch weil der Mediator selbst einer eigenständigen Haftung ausgesetzt ist,[516] muss ihm als Kehrseite der Haftung die gleiche Privilegierung wie

510 *Lorenz* Kartellrechtliche Probleme, S. 144; ähnlich zu Veröffentlichungspflichten *Teufer* Alternative Beilegung, S. 164, 168f.

511 Auf EU-Ebene findet die Kronzeugenprivilegierung ihre Grundlage in der KOM Mitt. vom 8.12.2006 über den Erlass und die Ermäßigung von Geldbußen in Kartellsachen, ABl. C 298, 17; dazu ausführlich *Brömmelmeyer* NZKart 2017, 551.

512 ErwGr. 26, 38 Richtlinie 2014/104/EU, ABl. L 349; so auch der Bericht des BKartA über seine Tätigkeit in den Jahren 2013/2014, BTDr. 18/5210, 13: »[...] lassen sich die Erfolge der Intensivierung der Kartellverfolgung über die vergangenen Jahre an der gestiegenen Zahl der abgeschlossenen Fälle und dem hohen Eingang an neuen Verdachtsmomenten, insbesondere solche von Kronzeugen unter Berufung auf die Bonusregelung des Bundeskartellamtes, ablesen.«

513 EUGH Rs. C-619/13 P, EU:C:2017:50 = NZKart 2017, 128 Tz. 51 – *Mamoli Robinetteria (Badezimmerkartell).*

514 KOM Mitt. vom 8.12.2006, ABl. C 298, 17.

515 Zum Begriff des Unternehmens oben S. 30.

516 S. unten S. 129.

den Kartellanten offenstehen. Eine strafrechtliche Haftung aus § 203 StGB muss der Mediator indes nicht befürchten. Zu diesem Ergebnis kommt der BGH in seinem aktuellen Urteil vom 29. 1. 2018:[517] Es ging darum, ob der Beruf des Mediators sozietätsfähig iSv § 59a BRAO ist. Dies lehnte der BGH nach ausgiebiger Diskussion unter anderem deshalb ab, weil Mediatoren weder berufs- noch strafrechtlich zur Verschwiegenheit verpflichtet seien.

Der BGH konnte offenlassen, ob die Neufassung[518] von § 203 Abs. 3, 4 StGB daran etwas geändert hat. Sie ändert allerdings nichts: Die Neufassung sollte Fragen des sogenannten *Non-Legal-Outsourcing* klären.[519] Darunter fallen insbesondere externe IT-Dienstleister. Deren potenzielle Strafbarkeit lässt sich nun über § 203 StGB begründen, soweit ihnen etwa ein Rechtsanwalt Geheimnisse offenbart hat und sie Teile der anwaltlichen Dienstleistungstätigkeit übernommen haben. Ein in Bürogemeinschaft mit dem Rechtsanwalt arbeitender Mediator jedoch wirkt nicht an der Tätigkeit des Anwalts mit. § 53a StPO stützt dieses Ergebnis, indem er nur hilfstätigen Personen ein Zeugnisverweigerungsrecht zuerkennt.[520]

V. Anmeldepflicht mediationswilliger Parteien bei Kartellbehörden?

Weiter könnte man mediationswilligen Parteien selbst die Pflicht auferlegen, ihr Mediationsvorhaben bei Kartellbehörden anzumelden. Zunächst spricht auch hiergegen, dass man die Nutzung der Mediation damit deutlich einschränken würde. Denn für die Parteien bedeutet das einen erheblichen Aufwand und ein Risiko. Da eine Pflicht, jegliche Mediationsvorhaben zu melden, weder zweckdienlich ist noch verhältnismäßig wäre, müsste sie auf bestimmte kartellrechtssensible Sachverhalte beschränkt werden. Dann müssten die Parteien selbst einschätzen, ob ihr Fall betroffen wäre. Das ist zwar auch bei der Fusionskontrolle nach Art. 4 FKVO[521] so. Doch unterscheidet sich die Mediation davon: Einerseits ist der Zusammenschluss jedenfalls von Gesellschaften öffentlich nachprüfbar und insofern kaum nachhaltig zu verschleiern. Anderer-

517 BGH NJW 2018, 1095 Tz. 25ff.

518 Durch das Gesetz zur Neuregelung des Schutzes von Geheimnissen bei der Mitwirkung Dritter an der Berufsausübung schweigepflichtiger Personen vom 30. 10. 2017, BGBl. I 3618.

519 BTDr. 18/11936, S. 27ff.

520 *Markworth* Mediatoren sind dem BGH nicht verschwiegen genug, unter: https://www.lto.de/recht/juristen/b/bgh-anwzbrfg32-17-zusammenschluss-anwaelte-mediatoren-verbot-sozietaet/, zuletzt abgerufen am 29. 9. 2018.

521 Verordnung (EG) Nr. 139/2004 des Rates vom 20. 1. 2004 über die Kontrolle von Unternehmenszusammenschlüssen (EG-Fusionskontrollverordnung), ABl. L 24, 1.

seits sind Fusionen mit so erheblichen Kosten und Risiken verbunden, dass die Unternehmen die Voraussetzungen der Anmeldepflicht des Art. 4 FKVO in diesem Rahmen ohne weiteres prüfen können. Bei der Mediation ließe sich kaum überprüfen, ob die Parteien die Meldepflicht einhalten. Sie effektiv durchzusetzen erscheint noch unrealistischer.

Ferner können sich Gespräche in alternativen Streitbeilegungsverfahren erst zu kartellrechtsrelevanten Verhaltensweisen entwickeln. Für solche Sachverhalte liefe die Pflicht faktisch leer.

Selbst wenn die kartellrechtliche Relevanz eindeutig ist, etwa unter Kartellanten eines aufgedeckten Kartells oder bei Schadensersatzforderungen geschädigter Dritter, wäre eine Anmeldepflicht praktisch kaum durchsetzbar. Denn die Parteien müssten ihr Vorhaben einer einvernehmlichen alternativen Streitbeilegung konterkarieren; sie würde sich dann erübrigen.

Diese Gründe schließen indes nicht aus, dass die Kartellbehörden ein entsprechendes Parteiverhalten, namentlich die Verdeckungsabsicht unter dem Deckmantel einer Mediation, bei der Bemessung des Bußgeldes berücksichtigen.

VI. Gleichlauf von Anerkennung und Vollstreckung in der EU

Die EuGVO nimmt die Schiedsgerichtsbarkeit in Art. 1 Abs. 2 lit. d von ihrem Anwendungsbereich aus. Doch sollte auch die Vollstreckbarerklärung von Schiedssprüchen EU-weit einheitlich geregelt werden. Die EuGVO wäre der richtige Ort dafür. Angesichts der bisher sehr unterschiedlichen Voraussetzungen und Verfahren sollten auch die Anerkennungsvoraussetzungen vereinheitlicht werden.[522] Die Ziele des Binnenmarkts und die wirksame Anwendung des Kartellverbots verlangen eine parallele Regelung auch für die Vollstreckbarerklärung von Mediationsergebnissen.

VII. Angleichung der Rechtsprechung bei Wettbewerbsvergleichen

Für den gemeinsamen Binnenmarkt ist ein einheitliches Wettbewerbsrecht zwingend erforderlich. Mit Recht steht das Kartellverbot daher normenhierarchisch an oberster Stelle, nämlich im Primärrecht des AEUV. Doch müssen BGH, Kommission und EUGH ihre Beurteilung von Wettbewerbsvergleichen[523] einander auch tatsächlich und wirksam angleichen.

522 *Schack* IZVR, Rn. 1303, 1439.
523 S. oben S. 76ff. und *Teufer* Alternative Beilegung, S. 142f.

Selbstverständlich sollten sich Streitparteien gütlich einigen können. Doch müssen sie dann – wie alle anderen Marktteilnehmer auch – selbst beurteilen, ob der vereinbarte Vergleich wettbewerbskonform ist. Vergleichen sich die Parteien und beschränken dabei den Wettbewerb, dann ist das Kartellverbot wie in anderen Sachverhalten anzuwenden. Die Rechtsfolge der Nichtigkeit in Art. 101 Abs. 2 AEUV muss rechtssicher zu beurteilen sein und unionsweit einheitlich und nach klaren Kriterien angewendet werden.[524]

VIII. Zwangsnutzung eines gestellten, (tatsächlich) unabhängigen Mediators

Weiter könnte man Mediationsparteien zwingen, einen unabhängigen Mediator zu beauftragen. Dies löst zwar das Problem des kollusiven Mitwirkens des Mediators. Das Risiko, dass auch ein unabhängiger Mediator Kartellverbotsverstöße nicht erkennt, bleibt indessen. Vor allem aber würde die Attraktivität der Mediation massiv leiden. Theoretisch wären Mediatorenlisten denkbar,[525] ähnlich etwa den Schiedsrichterlisten der ICC.[526] Der Gesetzgeber wollte hingegen einen blühenden Markt der Mediatoren; die Marktkräfte sollen durch Wettbewerb zu hoher Qualität führen. Dass dies auch bei gestellten Mediatoren auf speziellen Gebieten funktionieren kann, zeigt etwa die Mediationsstelle bei der WIPO[527]. Auch ohne einen Wettbewerb unter Mediatoren wäre es also möglich, rechtssichere, kompetente, transparente und zuverlässige Mediationsverfahren durchzuführen.

IX. Forcierung der nachträglichen Kontrolle

Damit bleibt die nachträgliche Kontrolle als wichtigstes Mittel, um Kartellabsprachen nicht wirksam werden zu lassen. Oft ist sie sogar die einzige Möglichkeit, dem Kartellverbot wirksam Geltung zu verschaffen.[528] Zentral ist die Ordre public-Kontrolle bei der Vollstreckbarerklärung, wie sie etwa in §§ 796a Abs. 3, 1060 Abs. 2 S. 1 ZPO für Anwaltsvergleiche und Schiedssprüche

---

524 So auch eindeutig ErwGr. 1 Richtlinie 2014/104/EU vom 26.11.2014 über bestimmte Vorschriften für Schadensersatzklagen nach nationalem Recht wegen Zuwiderhandlungen gegen wettbewerbsrechtliche Bestimmungen der Mitgliedstaaten und der EU, ABl. L 349.

525 Zur Idee der Mediatorenlisten ausführlich *Tochtermann* Unabhängigkeit des Mediators, S. 95ff.

526 International Chamber of Commerce (Internationale Handelskammer) mit Sitz in Paris.

527 Dazu oben S. 49f.

528 Vgl. dazu oben S. 101.

vorgesehen ist und von Art. 6 Abs. 1 S. 2 Hs. 2 Mediations-RL gefordert wird. Zu einer nachträglichen Kontrolle kommt es zwar nur, wenn sich die Parteien nicht an die Absprache halten. Auch wenn man mit der nachträglichen Kontrolle nicht alle Fälle in den Griff bekommt,[529] bleibt sie doch ein notwendiges Instrument, um wenigstens die unabsichtliche oder kontroverse Kartellabsprache zu neutralisieren, wenn die Parteien sie vollstrecken lassen möchten.

Die gerichtliche Kontrolle von der Offensichtlichkeit der Rechtsverletzung abhängig zu machen,[530] ist nach den Ergebnissen dieser Untersuchung weder sinnvoll[531] noch mit der Mediations-RL konform. Denn damit würden die vorhandenen Lücken, in denen die öffentlichen Interessen nicht angemessen zur Geltung kommen, nur noch größer. Das Kartellverbot kann nicht wirksam durchgesetzt werden, wenn die Parteien einen häufig nicht offensichtlichen Verstoß geschickt verschleiern. Dass mehr Freiheit durch weniger Kontrolle die Schiedsgerichtsbarkeit und Mediation fördert, überzeugt ebenfalls nicht. Denn auch Schieds- und Mediationsparteien wünschen sich Rechtssicherheit und Durchsetzbarkeit des Verhandlungsergebnisses. Diejenigen, die solche Verfahren dazu nutzen möchten, um das Kartellverbot zu umgehen, sind nicht schutzwürdig. Allein dieses Ergebnis steht mit Art. 6 Abs. 1 S. 2 Hs. 2 Mediations-RL in Einklang.

529 *Schroeter* SchiedsVZ 2006, 298, 304.

530 Wie etwa in Frankreich, vgl. dazu S. 106; oder von Musielak/*Voit*, § 1051 Rn. 29 gefordert; so auch bei der Titelfreizügigkeit nach Art. 58 EuGVO, vgl. oben S. 96.

531 So auch *Wathelet* Rs. C-567/14, EU:C:2016:177, Rn. 67; dazu oben S. 108.

H. Rechtsfolgen eines Kartellverbotsverstoßes in der Mediation

Zum Schluss ist der höchst relevanten Frage nachzugehen, welche Rechtsfolgen Medianten und Mediator bei einem Kartellverstoß zu erwarten haben.

I. Keine Besonderheiten für Konfliktparteien

Unter welchen Umständen sich Unternehmen kartellrechtswidrig verhalten, macht für die Sanktionen keinen Unterschied. Ob eine Absprache auf dem Golfplatz oder in einem Mediationsverfahren getroffen wird, ändert nichts an den Rechtsfolgen, die das deutsche oder europäische Kartellverbot an die Handlung knüpfen.[532] Eine Privilegierung von Wettbewerbsvergleichen ist bei der Mediation ebenso wenig anzuerkennen wie bei anderen Gelegenheiten.[533]

Rechtsfolgen sind die Nichtigkeit der Vereinbarung nach Art. 101 Abs. 2 AEUV und § 134 BGB iVm § 1 GWB, Beseitigungs- und Unterlassungsansprüche nach § 33 GWB, Bußgelder nach Art. 23 VO 1/2003[534], § 30 Abs. 1 OWiG iVm § 81 GWB, Zwangsgelder nach Art. 24 VO 1/2003 und die Vorteilsabschöpfung nach §§ 34, 34a GWB.

II. Kartellrechtliche Gehilfenhaftung von Mediatoren

Fraglich ist, ob auch ein Mediator als neutraler Dritter, der an Absprachen oder abgestimmten Verhaltensweise nicht unmittelbar mitwirkt, für solche Kartell-

532 So etwa für Prozessvergleiche eindeutig EUGH Rs. C-258/78, EU:C:1982:211 = GRUR Int. 1982, 530 Tz. 87 – *Nungesser*; Rs. 65/86, EU:C:1988:448 = NJW 1988, 3082 Tz. 15 – *Bayer/Süllhöfer*; s. auch BGH GRUR 2005, 845 – *Abgasreinigungsvorrichtung.*

533 S. oben S. 79f.

534 Verordnung (EG) Nr. 1/2003 des Rates vom 16. 12. 2002 zur Durchführung der in den Artikeln 81 und 82 des Vertrags niedergelegten Wettbewerbsregeln, ABl. L 1, 1 zuletzt geändert durch Anh. I ÄndVO (EG) 487/2009 vom 25. 5. 2009, ABl. L 148, 1.

verstöße haften kann.[535] Auch wenn der Mediator in der Regel nicht auf demselben Markt tätig ist wie die Medianten, ändert dies nach der Entscheidung des EUGH in Sachen *AC-Treuhand II* nichts daran, dass Sanktionen des Kartellrechts auch ihm gegenüber greifen, soweit er in Kenntnis der Sachlage an der Wettbewerbsbeschränkung mitgewirkt hat.[536]

1. EUGH Urteil AC-Treuhand II

Die in Zürich ansässige Beratungsgesellschaft AC-Treuhand AG[537] bot »verschiedene Dienstleistungen für nationale und internationale Verbände und Interessengemeinschaften [an], einschließlich der Geschäftsführung und Administration von schweizerischen und internationalen Fachverbänden, Vereinigungen und Non-Profit-Organisationen, der Beschaffung, Verarbeitung und Auswertung von Marktdaten, der Präsentation von Marktstatistiken und der Prüfung von gemeldeten Zahlen bei den Mitgliedern.«[538] Der EUGH folgte der Ansicht der Kommission, dass die AC-Treuhand AG eine zentrale Rolle bei Verstößen gegen Art. 101 Abs. 1 AEUV gespielt hatte, indem sie Zusammenkünfte organisierte, an denen sie selbst teilnahm und sich aktiv beteiligte. Insbesondere trat sie bei Spannungen zwischen den anderen Beteiligten des Kartells nicht nur gegen Vergütung als Moderator auf, sondern ermutigte diese sogar zu Kompromissen.[539]

Nach dem EUGH müssten die Parteien für eine Vereinbarung iSv Art. 101 Abs. 1 AEUV zwar ihren übereinstimmenden Willen erklären, sich auf dem Markt in einer bestimmten Weise zu verhalten. Eine abgestimmte Verhaltensweise sei ferner im Sinne der Grundgedanken des Wettbewerbsrechts auszulegen. Danach soll jeder Wirtschaftsteilnehmer seine Politik auf dem Gemeinsamen Markt selbstständig bestimmen.[540] Indessen setzten die Begriffe »Vereinbarung« und »abgestimmte Verhaltensweise« gerade keine »wechselseitige Beschränkung der Handlungsfreiheit auf ein und demselben Markt, auf dem alle Parteien vertreten wären«, voraus.[541]

535 Dazu umfassend *Schwartz* Kartellgehilfen, 2015.

536 EUGH Rs. C-194/14 P, EU:C:2015:717 = GRUR Int. 2016, 73 – *AC Treuhand II.*

537 Die AC-Treuhand AG, zuvor Fides AG, fiel nicht zum ersten Mal als Gehilfin eines Kartells auf: Bis zum EUG Rs. T-99/2004 ging schon das erste Verfahren *AC Treuhand I*, in dem ihr ein nahezu gleicher Verstoß vorgeworfen wurde. Das EUG-Urteil bestätigte rechtskräftig die von der Kommission verhängte symbolische Geldbuße von 1.000 €; ausführlich *Schwartz* Kartellgehilfen, S. 21ff.

538 EUGH Rs. C-194/14 P, EU:C:2015:717 = GRUR Int. 2016, 73 Tz. 7 – *AC Treuhand II.*

539 EUGH Rs. C-194/14 P, EU:C:2015:717 = GRUR Int. 2016, 73 Tz. 9, 37 – *AC Treuhand II.*

540 EUGH Rs. C-40/73, EU:C:1975:174 = NJW 1976, 470, 471 – *Suiker Unie.*

541 EUGH Rs. C-194/14 P, EU:C:2015:717 = GRUR Int. 2016, 73 Tz. 30ff., 33 – *AC Treuhand II.*

Das Verbot des Art. 101 Abs. 1 AEUV sei mithin auch anwendbar auf ein Unternehmen, das auf dem von der Wettbewerbsbeschränkung betroffenen Markt nicht tätig ist. Es richte sich auch gegen Dienstleister, die in Kenntnis der Sachlage daran mitwirkten, die wettbewerbswidrigen Ziele der Kartellanten zu erreichen. Die Begründung dieses EUGH-Urteils (insbesondere in Tz. 37) lässt sich ohne weiteres auf die Dienstleistung eines Mediators übertragen.

2. Bewertung

Der EUGH stellte sich mit seinem Urteil gegen die Ansicht des Generalanwalts *Wahl*[542]. Dieser hatte argumentiert, Art. 101 Abs. 1 AEUV sei nur auf solche Unternehmen anwendbar, die wechselseitigen Wettbewerbsdruck ausübten, den sie mittels kollusivem Verhalten beseitigen oder verringern könnten.[543] Denn die »bloße Absicht eines Unternehmens, den Wettbewerb zu beschränken, kann bei Fehlen der tatsächlichen Fähigkeit zu einer solchen Beschränkung nicht ausreichen.«[544]

Hierbei übersieht *Wahl*, dass ein solcher mittelbarer Beitrag durchaus den Wettbewerb tatsächlich beschränken kann, namentlich wenn die beschränkende Vereinbarung der Parteien erst durch Vermittlung des Dritten zustande kommt. Wegen des umfassend wettbewerbsschützenden Zwecks muss das Kartellverbot auch solche Verhaltensweisen erfassen, die zu einer Beschränkung nur mittelbar beitragen. Das vermeidet einerseits das Problem einer Abgrenzung von unmittelbaren und mittelbaren Beschränkungen des Wettbewerbs. Andererseits lässt sich nur so den Risiken vorbeugen, die sich in *AC-Treuhand II* deutlich gezeigt haben.

Berg bezweifelt in seiner Anmerkung[545] zum *AC-Treuhand II*-Urteil, dass die von ihm ausgehende Präventionswirkung angesichts der Höhe der Bußgelder notwendig ist. Die Gefahren für das Kartellverbot, die die vorliegende Arbeit untersucht und festgestellt hat, haben sich in diesem Fall manifestiert. Die Förderung der Kompromiss- und damit Kartellbereitschaft durch Vertraulichkeit, organisatorische Unterstützung und Moderation in der Mediation spielte eine zentrale Rolle für die Entstehung und Aufrechterhaltung des Kartells. Die AC-Treuhand AG wirkte unmittelbar daran mit, die teilnehmenden Hersteller an die Bedingungen des Kartells zu binden; dabei handelte sie in vollem Umfang

542 Schlussanträge GA *Wahl* Rs. C-194/14 P, EU:C:2015:350 = NZKart 2015, 324 – *AC Treuhand II.*
543 Schlussanträge GA *Wahl* Tz. 62.
544 Schlussanträge GA *Wahl* Tz. 70.
545 *Berg* EuZW 2016, 19, 25.

wissentlich.[546] Dieses Verhalten birgt ein ebenso großes Risiko für den funktionierenden Wettbewerb wie das Kartell selbst. Mit vollem Recht hat der EUGH es entsprechend sanktioniert und, nicht nur, wie *Berg*[547] meint, wegen des effet-utile-Grundsatzes des Unionsrechts.

Gleichwohl musste der EUGH für seine Entscheidung klären, ob der Grundsatz nullum crimen sine lege, wie ihn insbesondere Art. 49 Abs. 1 GRCh für strafbare Handlungen fordert, gewahrt ist.[548] Der Rechtsunterworfene muss anhand des Wortlauts der fraglichen Norm und nötigenfalls mit Hilfe der Auslegung durch die Gerichte erkennen können, welche Handlungen und Unterlassungen zu strafrechtlichen Sanktionen führen.[549] Die richterliche Auslegung muss vorhersehbar gewesen sein. Dass Vorhersehbarkeit fachkundigen Rat erfordern kann und sich ein vorsichtiges Verhalten empfiehlt, macht die Auslegung der Norm noch nicht unvorhersehbar. Die Vorhersehbarkeit stellte der EUGH schlicht fest und untermauert sie mit einer Jahrzehnte alten Verwaltungspraxis[550] der Kommission.[551]

Der EUGH hätte hier etwas weiter ausholen sollen, auch wenn das Ergebnis überzeugt. Der Wortlaut des Art. 101 Abs. 1 AEUV bestimmt nur sehr grob, welche Sachverhalte er erfasst. Der Begriff der Wettbewerbsbeschränkung ist weit.[552] Klar ist seit jeher, dass die Norm einen möglichst effektiven und unverfälschten Wettbewerb herstellen soll.[553] Dem steht das deutlich wettbewerbsbeschränkende Verhalten der AC-Treuhand AG diametral entgegen. Schon deshalb konnte an der Vorhersehbarkeit kein Zweifel bestehen.

Die erwähnte Verwaltungspraxis in Sachen *Gussglas in Italien*[554] ist für die Vorhersehbarkeit zwar einzubeziehen, kann allerdings nicht das allein maßgebliche Argument sein. Denn sonst würde nicht die Legislative, sondern die Exekutive über die Erweiterung eines straf- oder ordnungswidrigkeitsrechtlichen Tatbestands bestimmen. Das aber kann vor dem Hintergrund des Demo-

---

546 EUGH Rs. C-194/14 P, EU:C:2015:717 = GRUR Int. 2016, 73 Tz. 37f. – *AC Treuhand II.*

547 *Berg* EuZW 2016, 19, 25.

548 Kritisch *Berg*, EuZW 2016, 19, 25 – *AC-Treuhand II.*

549 EUGH Rs. C-194/14 P, EU:C:2015:717 = GRUR Int. 2016, 73 Tz. 40f. – *AC-Treuhand II*; Rs. C-266/06 P, EU:C:2008:295 = WuW 2008, 1027 Tz. 39 mwN – *Evonik Degussa.*

550 Vom 17.12.1980, IV/29.869 – *Gussglas in Italien*, ABl. L 383, 19. Zur Kartellgehilfen erfassenden Verwaltungspraxis der Mitgliedstaaten ausführlich *Schwartz* Kartellgehilfen, S. 126ff.

551 EUGH Rs. C-194/14 P, EU:C:2015:717 = GRUR Int. 2016, 73 Tz. 41f. – *AC-Treuhand II.*

552 Vgl. oben S. 32; so auch *Weitbrecht/Baudenbacher* EuR 2010, 230, 232 zu *AC-Treuhand I.*

553 *Emmerich*, Immenga/Mestmäcker, Art. 101 Abs. 1 AEUV Rn. 3; mit der Annahme, Art. 101 AEUV fordere selbstverständlich teleologisch, dass das Unternehmen auf dem betroffenen Markt tätig ist, sind a. A. scheinbar *Weitbrecht/Baudenbacher* EuR 2010, 230, 237.

554 KOM Entsch. vom 17.12.1980, IV/29.869, ABl. L 383, 19 – *Gussglas in Italien.*

kratie- und Gewaltenteilungsprinzips nicht richtig sein und genügt nicht den Anforderungen von Art. 49 Abs. 1 GRCh.

3. EUG Urteil ICAP

Vom EUG entschieden[555] und derzeit beim EUGH anhängig ist die Sache *ICAP*. Der Dienstleister ICAP ist auf dem Bankenmarkt als Inter-Dealer-Broker, also Zwischenhändler zwischen Banken, tätig. Die Kommission wirft ICAP vor, Banken geholfen zu haben, Einfluss auf den JPY-LIBOR zu nehmen. Der JPY-LIBOR ist eine in London praktizierte Gesamtheit von Referenzzinssätzen. Im Zeitpunkt des Beschlusses der Kommission setzte der britische Bankenverband »British Bankers Association« diese fest und veröffentlichte sie. Sie dienten als Grundlage für in japanischem Yen denominierte Finanzprodukte. Der JPY-LIBOR berechnete sich anhand des Durchschnitts von Preisangeboten derjenigen Banken die dem Verband »JPY-LIBOR-Panel« angehörten. In einem ähnlichen Verfahren wird der Euroyen-TIBOR in Tokyo berechnet.[556] Wie die Kommission feststellte, bestimmen JPY-LIBOR und Euroyen-TIBOR die Preise der Yen-Zinsderivate mit; sie dienen also der Berechnung von Zinsen, die Banken untereinander bezahlen müssen.

Auf den JPY-LIBOR Einfluss nehmen konnte ICAP, weil sie Kontakte zu anderen Banken insofern nutzte, als sie Empfehlungen aussprach und Berichte dazu herausgab. Die Kommission warf ICAP vor, bei sechs Zuwiderhandlungen im Zusammenhang mit Preisabsprachen hinsichtlich des JPY-LIBOR unterstützend tätig gewesen zu sein.[557] Neben solchen Einflussnahmen lag ICAPs Tätigkeit, die für die vorliegende Untersuchung von besonderem Interesse ist, darin, dass sie Kommunikationskanäle zwischen den Banken Citi und RBS zur Verfügung stellte.[558] Auf diese Tätigkeit geht der EUG nicht ausdrücklich ein. Doch scheint ihm schon diese Hilfeleistung als Unterstützung der Zuwiderhandlungen zu genügen.[559]

Insbesondere ICAPs Kenntnis von der Zuwiderhandlung spielt in diesem Verfahren eine maßgebliche Rolle, wie sich aus Tz. 120ff. des EUG-Urteils ergibt. Für die Zwecke der vorliegenden Untersuchung ist nur relevant, dass ohne Kenntnis von der Zuwiderhandlung deren Unterstützung und damit ein eigener

555 EUG Rs. T-180/15, EU:T:2017:795 = NZKart 2018, 44 – *ICAP*.
556 Zum Ganzen EUG Rs. T-180/15, EU:T:2017:795 Tz. 13 = NZKart 2018, 44 (nur teilweise abgedruckt) – *ICAP*.
557 EUG Rs. T-180/15, EU:T:2017:795 Tz. 14 – *ICAP*.
558 EUG Rs. T-180/15, EU:T:2017:795 Tz. 15ff., 17 am Ende – *ICAP*.
559 EUG Rs. T-180/15, EU:T:2017:795 Tz. 234 – *ICAP*.

Verstoß gegen das Kartellverbot nicht möglich ist.[560] Für den Vorsatz genügten dem EUG in Tz. 180 ICAPs Wissen um das kollusive Verhalten der Banken und dass die Verhaltensweisen von ICAP und der Banken einander weithin ergänzten.

ICAP rügte, die Kommission habe das Merkmal »Unterstützung« zu weit verstanden. Das Urteil *AC-Treuhand* lasse es nicht zu, ICAP als Unterstützer einzuordnen. Die Kommission verstoße damit gegen den Grundsatz der Rechtssicherheit und das Bestimmtheitsgebot für strafbare Handlungen und Strafen.[561]

Ohne sich erneut mit der Rechtssicherheit und der Bestimmtheit von Straftatbeständen zu befassen, stellte das EUG in Tz. 198 fest, dass die von ICAP geleistete Hilfe und Unterstützung, die AC-Treuhand vorgeworfene sogar noch übersteige: Der Einfluss, den ICAP durch den Bericht hinsichtlich des JPY-LIBOR erlangte, erlaubte es ICAP, »den Manipulationen dieser Sätze ein viel größeres Ausmaß zu verleihen, als wenn sie sich allein auf die Quotierungen der beiden von jeder dieser Zuwiderhandlungen betroffenen Banken beschränkt hätte.«[562] Das EUG wies die Rüge von ICAP damit zurück.

III. Zivilrechtliche Rechtsfolgen

Ist der Mediator nach öffentlichem Recht verantwortlich, dann steht auch einer zivilrechtlichen Haftung insbesondere auf Schadensersatz nichts im Weg, § 33a GWB. Dafür muss die Verletzung des Art. 101 AEUV vorsätzlich oder fahrlässig geschehen sein. Das ist regelmäßig anzunehmen, wenn man das wissentliche Unterstützen als Voraussetzung der kartellrechtlichen Gehilfenhaftung bejaht hat.

Ferner haftet der Mediator den Medianten nach §§ 280 ff. BGB vertraglich, soweit er Pflichten verletzt, und im Übrigen aus unerlaubter Handlung, etwa nach § 823 BGB.[563]

IV. Ergebnis

Kartellierenden Mediationsparteien drohen die gleichen Rechtsfolgen wie anderweitig kartellierenden Unternehmen.

560 Vgl. EUG Rs. T-180/15, EU:T:2017:795, Tz. 107ff. und Umkehrschluss aus Tz. 131f. – *ICAP.*
561 EUG Rs. T-180/15, EU:T:2017:795 Tz. 188ff. – *ICAP.*
562 EUG Rs. T-180/15, EU:T:2017:795 Tz. 198 – *ICAP.*
563 *Lilja/v.Lucius/Tietz*, Klowait/Gläßer, Teil 1 Rn. 85.

Ein Mediator ist öffentlich-rechtlich als Unterstützer verantwortlich, wenn er den kartellierenden Medianten mehr als nur ein Forum bietet und – seiner Aufgabe entsprechend – aktiv an Kompromissen mitwirkt.[564] Zwar wird die Kausalität des Handelns des Mediators für die Wettbewerbsbeschränkung auf dem Drittmarkt häufig problematisch sein. Doch genügt nach der oben beschriebenen Verwaltungspraxis und Rechtsprechung dafür, dass der Mediator den Informationsaustausch zwischen den Kartellanten organisiert.[565] Soweit sich der Mediator rechtzeitig von der wettbewerbsbeschränkenden Maßnahme distanziert[566] und etwa den Vertrag mit den Parteien kündigt[567] oder einen naheliegenden Vorwurf der Kommission, er habe Kenntnis von den Zuwiderhandlungen gehabt, widerlegen kann, sind die Haftungsvoraussetzungen des EUGH nicht erfüllt.

Die zivilrechtliche Haftung des Mediators anderen Marktteilnehmern gegenüber ist denkbar und folgerichtig. Zivilrechtliche Ansprüche der Streitparteien gegen den Mediator sind hingegen unwahrscheinlich. Denn die Parteien würden sich damit selbst belasten. Daher kann die vorliegende Arbeit diese Frage ausklammern.[568] Doch wenn der Mediator auf die Absprache Einfluss genommen hat, muss er befürchten, dass er im Rahmen des Gesamtschuldnerausgleichs nach § 33d GWB den Schaden allein oder weit überwiegend tragen muss.[569]

Mit Spannung darf man das Urteil des EUGH in Sachen ICAP erwarten. Denn hier kann er in einem wirtschaftlich sehr bedeutenden und medial aufgearbeiteten Verfahren seine Rechtsprechung festigen, konkretisieren oder aber ändern. Nach der Verwaltungspraxis der Kommission, dem *AC-Treuhand II*-Urteil des EUGH und vor dem Hintergrund der wegweisenden Ziele des Kartellverbots ist allerdings wahrscheinlich, dass der EUGH die AC-Treuhand-Rechtsprechung aufrechterhält. Damit blieben Unterstützer und konkret Mediatoren auch weiterhin den erheblichen Haftungsrisiken des Art. 101 Abs. 1 AEUV ausgesetzt.

Schließlich ist darauf hinzuweisen, dass die Gerichte an die Feststellung der

564 Gleiches gilt im Übrigen für einen unterstützenden Schiedsrichter, etwa weil er wissentlich entgegen § 1053 Abs. 1 S. 2 ZPO einen kartellverbotswidrigen Schiedsspruch mit vereinbartem Wortlaut festhält, sowie für unterstützenden Rechtsanwälte, denen richtigerweise auch kein Anwaltsprivileg zusteht; so überzeugend *Schwartz* Kartellgehilfen, S. 254ff.

565 So auch *Berg* EuZW 2016, 19, 25.

566 Zu den Anforderungen der Rechtsprechung an eine solche Distanzierung *Heinrich/Eckel* NZKart 2017, 106.

567 In den vorliegend diskutierten Fällen liegt ein wichtiger Grund iSv § 626 BGB vor; auch eine Anfechtung wegen arglistiger Täuschung (§ 123 BGB) ist bei Vorsatz der Parteien, das Mediationsverfahren zu missbrauchen, denkbar.

568 Dazu *Greger*, Trenczek/Berning/Lenz/Will, S. 483, Rn. 42.

569 Insbesondere im Zusammenhang mit einer Kronzeugenprivilegierung wirft die gesamtschuldnerische Haftung eine Reihe von Fragen auf, die hier nicht diskutiert werden können; dazu umfassend *Katt* Gesamtschuldnerische Haftung, 2019.

Kartellbehörden, dass ein Kartellverstoß vorliegt, gebunden sind, § 33b GWB. Damit läuft ein zivilprozessuales Zeugnisverweigerungsrecht leer. Denn im Bußgeldverfahren haben weder Mediatoren noch Medianten entsprechende Zeugnisverweigerungsrechte.[570]

570 Dazu ausführlich oben S. 91.

J. Fazit

Der Staat hat die Aufgabe, einerseits weite Handlungsspielräume im Sinne einer echten und wirksamen Privatautonomie zu gewähren. Andererseits darf der Spielraum nicht so weit sein, dass einzelne Marktteilnehmer durch wettbewerbsbeschränkendes Verhalten den anderen diese Freiheit nehmen und damit den freien Wettbewerb gefährden.[571]

Das staatliche Ziel, den Schiedsort Deutschland zu stärken und die Mediation zu fördern, verschärft diese gesetzgeberische Herausforderung. Denn eine Liberalisierung der alternativen Streitbeilegung fördert zwar die Privatautonomie. Sie darf die öffentlichen Interessen aber nicht vergessen. Jede Methode der Streitbeilegung braucht einen klar abgesteckten Rechtsrahmen, in dem sie sich bewegen darf und muss.[572] An dem Rechtsrahmen für die Schiedsgerichtsbarkeit beteiligt sich der EU-Gesetzgeber bislang nicht; bei der Mediation spielt er als Richtliniengeber schon eine Rolle.[573] In einem Binnenmarkt wie dem der EU mit seinem tragenden Pfeiler des Kartellrechts ist es aber mindestens und dringend nötig, eine einheitliche Kontrolle von Schiedssprüchen und Mediationsergebnissen anhand des Ordre public zu sichern. Dazu gehört auch ein einheitliches Aufhebungs-, Anerkennungs- und Vollstreckungsregime, das den Anforderungen von Art. 6 Abs. 1 S. 2 Hs. 2 Mediations-RL gerecht wird.

Die praktische Relevanz des Problems zeigen die Urteile *AC-Treuhand I* und *II* und *ICAP*. Auch Mediatoren riskieren eine kartellrechtliche Haftung. Ihre Ausbildung muss mindestens die Grundlagen des Kartellverbots erfassen, die der Mediator kennen muss, um die Rechtslage angemessen einschätzen zu können. Wenn staatliche Einrichtungen etwa für die Vollstreckbarerklärung eines Vergleichs oder eines Schiedsspruchs mit vereinbartem Wortlaut tätig werden, müssen sie eine kartellrechtliche Ordre public-Kontrolle ausüben. Die

571 *Teufer* Alternative Beilegung, S. 74, 90ff.

572 *Schack* IZVR, Rn. 1285ff., 1287.

573 Allerdings sind Verfahren wie die Mediation nach Art. 170 UMV so auszugestalten, dass sie einen staatlichen Zugriff auf die Akten und eine Aufhebung der Vertraulichkeit wegen Ordre public-Verstoßes erlauben, vgl. dazu oben S. 50.

Ausbildung und Haftung des Mediators sind die einzig realistischen Wege, den Deckmantel der Mediation für kartellverbotswidrige Verhaltensweisen denjenigen Kartellanten zu entziehen, die sich ohne staatliche Vollstreckung freiwillig an die vereinbarte Wettbewerbsbeschränkung halten; diese dürften den Großteil ausmachen. Der deutsche und der europäische Gesetzgeber müssen sich dieses Problems annehmen, während die Kartellbehörden und die Gerichte die kartellrechtliche Gehilfenhaftung verhältnismäßig aber wirksam durchsetzen müssen. Als Kehrseite der eigenen Haftung muss die Kronzeugenprivilegierung in § 33e Abs. 1 S. 1 GWB auch für Mediatoren greifen. Sie ist das effektivste Mittel, um Kartelle aufzudecken, und wegen der Vertraulichkeit der Mediation besonders wichtig.

Die Mediation lebt von einer umfassenden Privatautonomie; sie ist die Grundlage auch des Zivilprozesses, der Schiedsgerichtsbarkeit und anderer Formen der Streitbeilegung. Im Gegenzug erfordern die öffentlichen Interessen an einem freien Wettbewerb eine umfassende und wirksame Kontrolle, ob Streitparteien gegen das Kartellverbot verstoßen.

Literaturverzeichnis

Alexander, Nadja / Ade, Juliane / Olbrisch, Constantin Mediation, Schlichtung, Verhandlungsmanagement – Formen konsensualer Streitbeilegung, München 2005.

Altenmüller, Reinhard Die schiedsrichterliche Entscheidung kartellrechtlicher Streitigkeiten, Tübingen 1973.

Axelrod, Robert The Evolution of Cooperation, Revised edition, New York 2006.

Bartenbach, Britta Die Patentlizenz als negative Lizenz – Inhalt, Bedeutung und Abgrenzung zur positiven Lizenz, Köln 2002.

Behrens, Peter Europäisches Marktöffnungs- und Wettbewerbsrecht: Eine systematische Darstellung der Wirtschafts- und Wettbewerbsverfassung der EU, München 2018.

Bercher, Anne / Engel, Martin Richtungsentscheidungen für die Mediation, JZ 2010, S. 226–231.

Berg, Werner Anmerkung zu EUGH Urteil vom 22.10.2015 – C-194/14 P (*AC-Treuhand/Kommission*): Geldbuße für ein auf dem betroffenen Markt nicht tätiges Beratungsunternehmen, EuZW 2016, S. 19–25.

ders. / Mäsch, Gerald (Hrsg.) Deutsches und Europäisches Kartellrecht, 3. Auflage, Köln 2018 (zitiert: *Bearbeiter*, Berg/Mäsch).

Beulker, Jette Die Eingriffsnormenproblematik in internationalen Schiedsverfahren – Parallelen und Besonderheiten im Vergleich zur staatlichen Gerichtsbarkeit, Tübingen 2005.

Bilda, Klaus Beendigung des Schiedsverfahrens durch Vergleich: Probleme des Schiedsspruchs mit vereinbartem Wortlaut, DB 2004, S. 171–177.

Böckstiegel, Karl-Heinz Schiedsgerichte und staatliche Gerichte – Neue Entwicklungen und Folgerungen für Vertrags- und Schiedsgerichtspraxis, RIW/AWD 1979, S. 161–166.

Borowsky, Martin Das Schiedsgutachten im Common Law: Ein rechtsvergleichender Beitrag zum Begriff der Schiedsgerichtsbarkeit, Baden-Baden 2001.

Breidenbach, Stephan Mediation – Struktur, Chancen und Risiken von Vermittlung im Konflikt, Köln 1995.

Brömmelmeyer, Christoph Der Kronzeuge im EU-Kartellrecht unter besonderer Berücksichtigung des Richtlinienvorschlags der Kommission vom 22.3.2017, NZKart 2017, S. 551–558.

Bronett, Georg-Klaus de Europäisches Kartellverfahrensrecht, 2. Auflage, Köln 2012.

Busche, Jan / Röhling, Andreas (Hrsg.) Kölner Kommentar zum Kartellrecht, Band 3: Art. 101–106 AEUV, Gruppenfreistellungsverordnung, Köln 2016 (zitiert: *Bearbeiter*, KölnerKO).

Cepl, Philipp / Rüting, Kai Kartellrechtliche Zulässigkeit von Nichtangriffsabreden und ihre Prüfung im Patentnichtigkeitsverfahren, WRP 2013, S. 305–311.

Cimmino, Désirée Das UNICTRAL-Modellgesetz über internationale ADR-Verfahren und Wirtschaftsstreitigkeiten, Frankfurt a.M. 2008.

Czernich, Dietmar Die Rom I-VO als Grundlage für die Anwendung von Eingriffsnormen durch Schiedsgerichte, RIW 2016, S. 701–707.

Dauses, Manfred A. (Begr.) / *Ludwigs, Markus* (Hrsg.) Handbuch des EU-Wirtschaftsrechts, Band 1, 44. Ergänzungslieferung, München Stand Februar 2018 (zitiert: *Bearbeiter*, Dauses/Ludwigs).

Dendorfer, Renate Supplement Mediation – Verbindung traditioneller Methoden der Streitentscheidung und Mediation – Verschwendung oder Ausweitung von Ressourcen?, in: Balancing of Interests, Liber Amicorum Peter Hay zum 70. Geburtstag – Festschrift für Peter Hay, Frankfurt a.M. 2005, S. 99–118.

dies. / Lack, Jeremy The Interaction Between Arbitration and Mediation: Vision vs. Reality, SchiedsVZ 2007, S. 195–205.

Dohmen, Frank / Hawranek, Dietmar Hersteller stimmten zweifelhafte AdBlue-Dosierung ab, abrufbar unter: http://www.spiegel.de/auto/aktuell/autokartell-hersteller-stimmten-zweifelhafte-adblue-dosierung-mit-bosch-ab-a-1161330.html, zuletzt abgerufen am 29. 9. 2018.

Düwel, Christiane Mediation und Markenrecht – Ergebnisse statt Streit, MarkenR 2005, S. 174–178.

Ehlke, Michael Das Wirkungsprivileg des Vergleichsvertrages, Frankfurt a.M. 1985.

Eidenmüller, Horst / Prause, Matthias Die europäische Mediationsrichtlinie – Perspektiven für eine gesetzliche Regelung der Mediation in Deutschland, NJW 2008, S. 2737–2743.

ders. / Wagner, Gerhard (Hrsg.) Mediationsrecht, Köln 2015.

Eidenmüller, Horst Hybride ADR-Verfahren bei internationalen Wirtschaftskonflikten, RIW 2002, S. 1–11.

Eilmansberger, Thomas Die Bedeutung der Art. 81 und 82 EG für Schiedsverfahren, SchiedsVZ 2006, S. 5–17.

Emmerich, Volker / Lange, Knut Werner Kartellrecht, 14. Auflage, München 2018.

Engel, Martin / Hornuf, Lars Vexierbild Richtermediation – Eine Studie zur Wahrnehmung verschiedener Mediationsformen in Deutschland, ZZP 124 (2011), S. 505–518.

Esplugues, Carlos (Hrsg.) Civil and Commercial Mediation in Europe II: Cross-border mediation, Cambridge u. a. 2014.

Ewert, Thomas Grenzüberschreitende Mediation in Zivil- und Handelssachen: Die Richtlinie 2008/52/EG: Entstehung, Inhalt und Bedeutung für das deutsche Recht, Jena 2012.

Fisher, Roger / Ury, William / Patton, Bruce Das Harvard-Konzept: die unschlagbare Methode für beste Verhandlungsergebnisse, 25. Auflage, Frankfurt a.M. 2015.

Fiss, Owen M. Against Settlement, 93 Yale Law Journal 1984, S. 1073–1090.

Flume, Werner Allgemeiner Teil des bürgerlichen Rechts, Zweiter Band, 4. Auflage, Berlin 1992.

Frankfurter Kommentar Kartellrecht mit Kommentierung des EU-Kartellrechts, des GWB und einer Darstellung ausländischer Kartellrechtsordnungen, Band II: Allgemeiner Teil, Art. 101 AEUV, Fallgruppen, Jaeger, Wolfgang / Kokott, Juliane u. a. (Hrsg.) Stand Mai 2018 (zitiert: *Bearbeiter*, FK).

Freimuth, Joachim / Barth, Thomas (Hrsg.) Handbuch Moderation – Konzepte, Anwendungen und Entwicklungen, Göttingen 2014 (zitiert: *Bearbeiter*, Handbuch Moderation).

Fritz, Roland / Pielsticker, Dietrich (Hrsg.) Kommentar zum Mediationsgesetz, Köln 2013 (zitiert: *Bearbeiter*, Fritz/Pielsticker).

Frost, Ina Anna Schiedsgerichtsbarkeit im Bereich des geistigen Eigentums nach deutschem und US-amerikanischen Schiedsrecht, München 2001.

Glasl, Friedrich Konfliktmanagement: Ein Handbuch für Führungskräfte, Beraterinnen und Berater, Bern 2010.

Greger, Reinhard Justiz und Mediation – Entwicklungslinien nach Abschluss der Modellprojekte, NJW 2007, S. 3258–3262.

ders. / Stubbe, Christian Schiedsgutachten: Außergerichtliche Streitbeilegung durch Drittentscheidungen, München 2007.

ders. / Unberath, Hannes Mediationsgesetz, Recht der alternativen Konfliktlösung, 1. Auflage, München 2013 (zitiert: *Bearbeiter*, Greger/Unberath).

dies. / Steffek, Felix Mediationsgesetz, Recht der alternativen Konfliktlösung, 2. Auflage, München 2016 (zitiert: *Bearbeiter*, Greger/Unberath/Steffek).

Groeben, Hans von der (Begr.) / *Schwarze, Jürgen / Hatje, Armin* (Hrsg.) Europäisches Unionsrecht: Vertrag über die Europäische Union, Vertrag über die Arbeitsweise der Europäischen Union, Charta der Grundrechte der Europäischen Union, Band 2: Art. 67–105 AEUV, 7. Auflage, Baden-Baden 2015.

Grziwotz, Herbert Mediationsvergleich – »Nachgeformter« Schiedsvergleich?, MDR 2001, S. 305–308.

Gullo, Adriane Mediation unter der Herrschaft des Rechts?, Berlin 2006.

Günther, Klaus Kartellstreitigkeiten vor Schiedsgerichten in: Liber Amicorum Karl-Heinz Böckstiegel Law of International Business and Dispute Settlement in the 21st Century: Festschrift für Karl-Heinz Böckstiegel, Köln u. a. 2001, S. 253–265.

Habscheid, Walther J. Aus der höchstrichterlichen Rechtsprechung zur Schiedsgerichtsbarkeit, KTS 1973, S. 232–245.

Haft, Fritjof Intuitives und rationales Verhandeln, BB 1998 Beilage 10, S. 15–19.

ders. / von Schlieffen, Katharina (Hrsg.) Handbuch Mediation, 3. Auflage, München 2016 (zitiert: *Bearbeiter*, Handbuch Mediation).

Hager, Günther Konflikt und Konsens, Überlegungen zu Sinn, Erscheinung und Ordnung der alternativen Streitbeilegung, Tübingen 2001.

Hamann, Jan-Robert Territoriale Begrenzung und Ausschließlichkeitsrecht von Lizenzen, Baden-Baden 2000.

Heinrich, Helge / Eckel, Philipp Distanzierung von kartellrechtswidrigen Absprachen – Aussteigen, aber wie?, NZKart 2017, S. 106–112.

Helm, Ulrich / Bechtold, Anke F. Der Mini-Trial – Ein Modell zur Konfliktlösung im Großanlagenbau, ZKM 2002, S. 159–161.

Hess, Burkhard Mediation und weitere Verfahren konsensualer Streitbeilegung – Regelungsbedarf im Verfahrens- und Berufsrecht?, Gutachten F, Verhandlungen des 67. Deutschen Juristentags, F1–146, München 2008.

ders. Perspektiven der gerichtsinternen Mediation in Deutschland, ZZP 124 (2011), S. 137–162.

Heussen, Benno / Hamm, Christoph (Hrsg.) Beck'sches Rechtsanwalts-Handbuch, 11. Auflage, München 2016 (zitiert: *Bearbeiter* Heussen/Hamm).

Hilbig, Katharina Das gemeinschaftsrechtliche Kartellverbot in internationalen Handelsschiedsverfahren – Anwendung und gerichtliche Kontrolle, München 2006.

Hofmann, Franz Vertraulichkeit in der Mediation – Möglichkeiten und Grenzen vertraglicher Beweisverwertungsverbote, SchiedsVZ 2011, S. 148–152.

Holm-Hadulla, Moritz Private Kartellrechtsdurchsetzung unter der VO Nr. 1/2003, Baden-Baden 2009.

Hommerich, Christoph / Prütting, Hanns (Hrsg.) / *Ebers, Thomas / Lang, Sonja / Traut, Ludger* Rechtstatsächliche Untersuchungen zu den Auswirkungen der Reform des Zivilprozessrechts auf die gerichtliche Praxis, Köln 2006.

Hopt, Klaus J. / Steffek, Felix (Hrsg.) Mediation – Rechtstatsachen, Rechtsvergleich, Regelungen, Tübingen 2010 (zitiert: *Bearbeiter* Hopt/Steffek Mediation).

Horn, Norbert Zwingendes Recht in der internationalen Schiedsgerichtsbarkeit, SchiedsVZ 2008, S. 209–221.

Höttler, Philipp Das fingierte Schiedsverfahren, Köln u. a. 2007.

Hutner, Armin Das internationale Privat- und Verfahrensrecht der Wirtschaftsmediation, Tübingen 2005.

Immenga, Ulrich / Mestmäcker, Ernst-Joachim (Hrsg.) Wettbewerbsrecht, Band 1: EU/Teil 1 Kommentar zum Europäischen Kartellrecht, 5. Auflage, München 2012; Band 2: GWB/Teil 1 Kommentar zum Deutschen Kartellrecht, 5. Auflage, München 2014 (zitiert: *Bearbeiter* Immenga/Mestmäcker).

Jansen, Guido / Johannsen, Sven Leif Erik Die Bewertung von Vergleichsvereinbarungen in Patentstreitigkeiten nach dem europäischen Kartellverbot, EuZW 2012, S. 893–897.

Jickeli, Joachim Marktzutrittsschranken im Recht der Wettbewerbsbeschränkungen, Baden-Baden 1990.

Junker, Abbo Deutsche Schiedsgerichte und Internationales Privatrecht (§ 1051 ZPO), in: Festschrift für Otto Sandrock zum 70. Geburtstag, Heidelberg 2000, S. 443–464.

Kasolowsy, Boris / Steup, Magdalena Révision au fond – Einheitliche europäische Maßstäbe bei der Überprüfung von Schiedssprüchen auf kartellrechtliche ordre-public-Verstöße, SchiedsVZ 2008, S. 72–76.

Katt, Mareen Die gesamtschuldnerische Haftung des Kronzeugen im Private Enforcement nach europäischem und deutschem Kartellrecht, Tübingen 2019.

Kirchhoff, Wolfgang Möglichkeiten und Grenzen markenrechtlicher Abgrenzungsvereinbarungen aus Sicht des Kartellrechts, GRUR 2017, S. 248–255.

Kling, Michael / Thomas, Stefan Kartellrecht, 2. Auflage, München 2016.

Klowait, Jürgen /Gläßer, Ulla (Hrsg.) Handkommentar zum Mediationsgesetz, Baden-Baden 2014 (zitiert: *Bearbeiter*, Klowait/Gläßer).

Köther, Thomas Die Anwendung des Art. 101 AEUV auf Schutzrechtsvergleiche, Baden-Baden, 2017.

Kreissl, Stephan Mediation – Von der Alternative zum Recht zur Integration in das staatliche Konfliktlösungssystem, SchiedsVZ 2012, S. 230–244.

Kroes, Neelie Reinforcing the fight against cartels and developing private antitrust damage actions: two tools for a more competitive Europe, Vortrag zur IBA Joint Conference on EC Competition Policy, SPEECH/07/129, 2007, Brüssel 8. März 2007.

Krüger, Hans-Wilhelm Öffentliche und private Durchsetzung des Kartellverbots von Art. 81 EG: Eine rechtsökonomische Analyse, Wiesbaden 2007.

Langen, Eugen (Begr.) / *Bunte, Hermann-Josef* (Hrsg.) Kartellrecht Kommentar, Band 2: Europäisches Kartellrecht, Köln 2018 (zitiert: *Bearbeiter*, Langen/Bunte).

Lembcke, Moritz Abgrenzung des Schiedsgutachtens von Schlichtung und Schiedsverfahren, ZGS 2009, S. 548–553.

Lettl, Tobias Kartellrecht, 4. Auflage, München 2017.

Leutheusser-Schnarrenberger, Sabine Die Mediations-Richtlinie und deren Implementierung, Eröffnungsvortrag der Bundesministerin der Justiz beim 15. Mediations-Kongress »Zugang zur Mediation« am 23.3.2012 in München, ZKM 2012, S. 72–74.

Loewenheim, Ulrich / Meessen, Karl M. / Riesenkampff, Alexander / Kersting, Christian / Meyer-Lindemann, Hans Jürgen (Hrsg.) Kartellrecht: Europäisches und Deutsches Kartellrecht – Kommentar, 3. Auflage, München 2016 (zitiert: *Bearbeiter*, L/M/R/K/M-L).

Lörcher, Gino Mediation: Rechtskraft über Schiedsspruch mit vereinbartem Wortlaut?, DB 1999, S. 789–790.

Lorenz, Nikolaus Kartellrechtliche Probleme der nationalen und internationalen Schiedsgerichtsbarkeit, Darmstadt 1986.

Mankowski, Peter Der Schiedsspruch mit vereinbartem Wortlaut, ZZP 114 (2001), S. 37–76.

Markworth, David Mediatoren sind dem BGH nicht verschwiegen genug, abrufbar unter: https://www.lto.de/recht/juristen/b/bgh-anwzbrfg32-17-zusammenschluss-anwaelte-mediatoren-verbot-sozietaet/, zuletzt abgerufen am 29.9.2018.

McGuire, Mary-Rose Grenzen der Rechtswahlfreiheit im Schiedsverfahrensrecht? Über das Verhältnis zwischen der Rom-I-VO und § 1051 ZPO, SchiedsVZ 2011, S. 257–267.

dies. / Ackermann, Nathalie Anmerkung zu EUGH, Urteil vom 7.7.2016 – C-567/14 (*Genentech Inc./Hoechst GmbH* ua), GRUR 2016, S. 919–920.

Meinhardt, Marcel / Ahrens, Jan-Michael Wettbewerbsrecht und Schiedsgerichtsbarkeit in der Schweiz – Eine Würdigung des Entscheids des Bundesgerichts vom 8.3.2006, SchiedsVZ 2006, S. 182–188.

Mestmäcker, Ernst-Joachim / Schweitzer, Heike Europäisches Wettbewerbsrecht, 3. Auflage, München 2014.

Mnookin, Robert H. / Kornhäuser, Lewis Bargaining in the Shadow of the Law: The Case of Divorce, 88 Yale Law Journal 1979, S. 950–997.

Molle, Alexander Zur Beurteilung »begleitender« Wettbewerbsverbote im Rahmen von Art. 81 Abs. 1 EG und § 1 GWB, Heidelberg 2005.

Möschel, Wernhard Der Oligopolmißbrauch im Recht der Wettbewerbsbeschränkungen. Eine vergleichende Untersuchung zum Recht der USA, Großbritanniens, der EWG und der Bundesrepublik Deutschland, Tübingen 1974.

ders. Innovationspolitik als Ordnungspolitik in: Ott, Claus / Schäfer, Hans-Bernd (Hrsg.) Ökonomische Analyse der rechtlichen Organisation von Innovationen, Tübingen 1994, S. 40–59.

Münchener Kommentar Europäisches und Deutsches Wettbewerbsrecht Bornkamm, Joachim / Säcker, Franz Jürgen u. a. (Hrsg.) Kartellrecht, Missbrauchs- und Fusionskontrolle, Band 1: Europäisches Wettbewerbsrecht, 2. Auflage, München 2015 (zitiert: *Bearbeiter*, MüKo-EUWettbR).

Münchener Kommentar zum Bürgerlichen Gesetzbuch Säcker, Franz Jürgen u. a. (Hrsg.), Band 12: Internationales Privatrecht II, Internationales Wirtschaftsrecht, 7. Auflage, München 2018 (zitiert: *Bearbeiter*, MüKo-BGB).

Münchener Kommentar zur ZPO Rauscher, Thomas / Krüger, Wolfgang (Hrsg.), Band 1: §§ 1-354 ZPO, 5. Auflage, München 2016; Band 2: §§ 355–945b ZPO, 5. Auflage, München 2016; Band 3: §§ 946–1117 ZPO, Internationales und Europäisches Zivilprozessrecht, 5. Auflage, München 2017, (zitiert: *Bearbeiter*, MüKo-ZPO).

Musielak, Hans-Joachim / Voit, Wolfgang (Hrsg.) Zivilprozessordnung mit Gerichtsverfassungsgesetz Kommentar, 15. Auflage, München 2018 (zitiert: *Bearbeiter*, Musielak/Voit).

Neumann, Manfred Wettbewerbspolitik: Geschichte, Theorie und Praxis, Wiesbaden 2000.

Newmark, Christopher / Hill, Richard Can a Mediated Settlement Become an Enforceable Arbitration Award?, Arbitration International 16 (2000), S. 81–88.

Niggemann, Friedrich Europäisches Wettbewerbsrecht und Schiedsgerichtsbarkeit: Eco Swiss und europäischer Ordre Public in der praktischen Anwendung in Frankreich, SchiedsVZ 2005, S. 265–273.

Ochmann, Richard Das schiedsrichterliche Verfahren unter Berücksichtigung der gewerblichen Schutzrechte und seine Vor- und Nachteile gegenüber dem staatlichen Gerichtsverfahren, GRUR 1993, S. 255–260.

Offermann-Burckart, Susanne Die Rolle des Anwalts in einem auf Einvernehmen ausgerichteten Verfahren, FPR 2010, S. 431–436.

Oldenbruch, Hannah Die Vertraulichkeit im Mediationsverfahren: Das Spannungsfeld zwischen Privatautonomie und Verfahrensrecht, Berlin 2006.

Ostendorf, Patrick Wirksame Wahl ausländischen Rechts auch bei fehlendem Auslandsbezug im Fall einer Schiedsgerichtsvereinbarung und ausländischem Standort?, SchiedsVZ 2010, S. 234–243.

Palmer, Michael / Roberts, Simon Dispute Processes: ADR and the Primary Forms of Decision Making, London u. a. 1998.

Pasetti, Monika Wirtschaftsmediation als Dienstleistung von Wirtschaftskanzleien, SchiedsVZ 2015, S. 134–137.

Paul, Kerstin Gesetzesverstoß und Vertrag im Wettbewerbs- und Regulierungsrecht, Baden-Baden 2009.

Pocsay, Michael Privates Kartellrecht in internationalen Schiedsverfahren, Hamburg 2012.

Prütting, Hanns / Gehrlein, Markus (Hrsg.) Zivilprozessordnung Kommentar, 10. Auflage, Köln 2018 (zitiert: *Bearbeiter*, Prütting/Gehrlein).

Prütting, Hanns Das neue Mediationsgesetz: Konsensuale Streitbeilegung mit Überraschungen, AnwBl 2012, S. 204–208.

Raeschke-Kessler, Hilmar Der Vergleich im Schiedsverfahren: Anmerkungen zu § 19 DIS-SchiedsO, in: Festschrift für Ottoarndt Glossner zum 70. Geburtstag, Heidelberg 1994, S. 255–269.

Raiser, Thomas Privatautonome Mitbestimmungsregelungen, BB 1977, S. 1461–1468.

Risse, Jörg Wirtschaftsmediation, München, 2003.

ders. / Bach, Ivo Wie frei muss Mediation sein? Von Politik, Ideologie, Gesetzgebern und Gerichten, SchiedsVZ 2011, S. 14–20.

Rißmann, Karin Die kartellrechtliche Beurteilung der Markenabgrenzung München, 2008.

Roquette, Andreas J. / Otto, Andreas Vertragsbuch Privates Baurecht, 2. Auflage, München 2011.

Sandrock, Otto Die objektive Anknüpfung von Verträgen nach § 1051 Abs. 2 ZPO, RIW 2000, S. 321–328.

Schack, Haimo Einführung in das US-amerikanische Zivilprozessrecht, 4. Auflage, München 2011.

ders. Internationales Zivilverfahrensrecht, 7. Auflage, München 2017.

ders. Sonderkollisionsrecht für private Schiedsgerichte? in: Ars aequi et boni in mundo, Festschrift für Rolf A. Schütze zum 80. Geburtstag, München 2014, S. 511–518.

ders. Waffengleichheit im Zivilprozess, ZZP 129 (2016), S. 393–417.

Schlosser, Peter Das Recht der internationalen privaten Schiedsgerichtsbarkeit, 2. Auflage, Tübingen 1989.

ders. Das Zeugnisverweigerungsrecht von Schiedsrichtern und Mediatoren in: Ars aequi et boni in mundo, Festschrift zum 80. Geburtstag von Rolf A. Schütze, München 2014, S. 519–525.

Schmelz-Buchhold, Andrea Mediation bei Wettbewerbsstreitigkeiten – Chancen und Grenzen der Wirtschaftsmediation im Lauterkeits- und Immaterialgüterrecht, München 2010.

Schmidt, Ingo / Haucap, Justus Wettbewerbspolitik und Kartellrecht – Eine interdisziplinäre Einführung, 10. Auflage, München 2014.

Schmidt, Nadja Das Verwertungsverbot aus dem Mediationsverfahren für das Schiedsgerichtsverfahren, Hamburg 2011.

Schmidtchen, Dieter Zur Beziehung zwischen dem Recht geistigen Eigentums und dem Wettbewerbsrecht – eine ökonomische Analyse, in: Lange, Knut W. / Klippel, Diethelm / Ohly, Ansgar (Hrsg.), Geistiges Eigentum und Wettbewerbsrecht, Tübingen 2009, S. 27–51.

Schöpflin, Martin Verhandeln und Mediation, JA 2000, S. 157–164.

Schroeter, Ulrich G. Der Schiedsspruch mit vereinbartem Wortlaut als Formäquivalent zur notariellen Beurkundung, SchiedsVZ 2006, S. 298–306.

Schubert, Daniel Legal privilege und Nemo tenetur im reformierten europäischen Kartellermittlungsverfahren der VO 1/2003: Eine Untersuchung der Rechtslage im Gemeinschaftsrecht unter Berücksichtigung der Maßgaben von EMRK, IPBPR und Grundrechtscharta sowie der aktuellen Rechtsprechung von EuGH, EuG und EGMR, Berlin 2009.

Schütze, Rolf A. Der Schiedsspruch mit vereinbartem Wortlaut, in: Festschrift für Werner Lorenz zum 80. Geburtstag, 2001, S. 275–285.

ders. Schiedsgericht und Schiedsverfahren, 6. Auflage, München 2016.

Schwab, Karl-Heinz / Walter, Gerhard Schiedsgerichtsbarkeit: Systematischer Kommentar zu den Vorschriften der Zivilprozeßordnung, des Arbeitsgerichtsgesetzes, der Staatsverträge und der Kostengesetze über das privatrechtliche Verfahren, München 2005.

Schwartz, Simone Kartellgehilfen im europäischen Kartellrecht – Die einheitliche Konzeption der kartellrechtlichen Zuwiderhandlungen, Köln 2015.

Seitz, Claudia Ein Schritt vor und zwei zurück? – Zum letzten Stand des Anwaltsgeheimnisses für Unternehmensanwälte im Europäischen Kartellverfahren – Kurzbesprechung der Schlussanträge der Generalanwältin Juliane Kokott vom 29.4.2010 – C-550/07 P (*Akzo Nobel/Kommission*), EuZW 2010, S. 524–526.

Sonnenberger, Hans J. Grenzen der Verweisung durch europäisches internationales Privatrecht, IPRax 2011, S. 325–335.

Spiegel, Nico Anmerkung zu EuGH, Urteil vom 1.6.1999 – Rs. C-126/97 (*Eco Swiss Time Ltd/Benetton International NV*), EuZW 1999, S. 565–569.

ders. Kartellprivatrecht in der internationalen Handelsschiedsgerichtsbarkeit, Baden-Baden 2002.

Stacher, Marco Einführung in die internationale Schiedsgerichtsbarkeit der Schweiz, Zürich/St. Gallen 2015.

Stein, Friedrich / Jonas, Martin (Begr.) Kommentar zur Zivilprozessordnung, Band 10: §§ 1025–1066 ZPO, 23. Auflage, Tübingen 2014 (zitiert: *Bearbeiter*, Stein/Jonas); Band 5: §§ 328–510c, 23. Auflage, Tübingen 2015.

Stöbener de Mora, Patricia Sarah Das Achmea-Urteil zum Intra-EU-Investitionsschutz: Die Auswirkungen und die Notwendigkeit eines EU-weiten Schutzmechanismus, EuZW 2018, S. 363–370.

Sujecki, Bartosz Die Europäische Mediationsrichtlinie, EuZW 2010, S. 7–11.

Teufer, Tobias Alternative Beilegung privater Wettbewerbsstreitigkeiten, Frankfurt a. M. 2006.

Thomas, Heinz / Putzo, Hans (Begr.) Kommentar zur ZPO, 39. Auflage, München 2018 (zitiert: *Bearbeiter*, Thomas/Putzo).

Timmler, Vivien Google muss 2,42 Milliarden Euro Strafe an die EU zahlen, abrufbar unter: http://www.sueddeutsche.de/wirtschaft/rekord-kartellstrafe-google-muss-milliarden-euro-strafe-an-die-eu-zahlen-1.3562501, zuletzt abgerufen am 29.9.2018.

Tochtermann, Peter Alternative Dispute Resolution – Einführung in die alternative Streitbeilegung, JuS 2005, S. 131–135.

ders. Die Unabhängigkeit und Unparteilichkeit des Mediators, Tübingen 2008.

Trenczek, Thomas / Berning, Detlev / Lenz, Christina / Will, Hans-Dieter (Hrsg.) Mediation und Konfliktmanagement, 2. Auflage, Baden-Baden 2017 (zitiert: *Bearbeiter*, Trenczek/Berning/Lenz/Will).

Unberath, Hannes Auf dem Weg zu einer differenzierten Streitkultur – Neue gesetzliche Rahmenbedingungen für die alternative Konfliktlösung, JZ 2010, S. 975–981.

Ury, William / Brett, Jeanne / Goldberg, Stephen Getting Disputes Resolved: Designing Systems to Cut the Cost of Conflict, San Francisco 1988.

Veeser, Kristin Der vollstreckbare Anwaltsvergleich, Köln 1996.

Wagner, Gerhard / Thole, Christoph Die europäische Mediations-Richtlinie. Inhalt, Probleme und Umsetzungsperspektiven, in: Die richtige Ordnung, Festschrift Jan Kropholler zum 70. Geburtstag, Tübingen 2008, S. 915–940.

ders. Das Mediationsgesetz – Ende gut, alles gut?, ZKM 2012, S. 110–115.

ders. Vertraulichkeit der Mediation, ZKM 2011, S. 164–168.

Weitbrecht, Andreas / Baudenbacher, Laura Melusine Bußgeld wegen Beihilfe zu einem Kartell? Anmerkung zu EUG Rs. T-99/2004 - *AC Treuhand I*, EuR 2010, S. 230–241.

Wentzel, Cathrin Internationale Mediation - Vollstreckbarkeit und kollisionsrechtliche Behandlung von grenzüberschreitenden Mediationsfällen unter besonderer Berücksichtigung der Mediationsrichtlinie und des Mediationsgesetzes, Berlin 2016.

Westphalen, Friedrich Graf von Das Harvard-Verhandlungskonzept für erfolgreiche Juristen, MDR 1993, S. 946–948.

Wickler, Wolfgang / Seibt, Ulla Das Prinzip Eigennutz. Ursachen und Konsequenzen sozialen Verhaltens, München/Zürich 1991.

Wiedemann, Gerhard (Hrsg.) Handbuch des Kartellrechts, 3. Auflage, München 2016 (zitiert: *Bearbeiter*, Handbuch KartellR).

Wolf, Christian Zwischen Schiedsverfahrensfreiheit und notwendiger staatlicher Kontrolle, RabelsZ 57 (1993), S. 643–622.

Wolf, Maik Markenabgrenzungsvereinbarungen, Nichtangriffsverpflichtungen und Vorrechtserklärungen, NZKart 2015, S. 90–98.

Zimmer, Daniel Kartellrecht und neuere Erkenntnisse der Spieltheorie - Vorzüge und Nachteile einer alternativen Interpretation des Verbots abgestimmten Verhaltens, ZHR 154 (1990), S. 470–487.

ders. Zulässigkeit und Grenzen schiedsgerichtlicher Entscheidungen von Kartellrechtsstreitigkeiten, Baden-Baden 1991.

Zöller, Richard (Begr.) Zivilprozessordnung, 32. Auflage, Köln 2018 (zitiert: *Bearbeiter*, Zöller-ZPO).